2015中国慈善捐赠发展蓝皮书

刘　京　主编

中国社会出版社
国家一级出版社 · 全国百佳图书出版单位

图书在版编目（CIP）数据

2015中国慈善捐赠发展蓝皮书／刘京主编．—北京：
中国社会出版社，2016．4
ISBN 978－7－5087－5331－7

Ⅰ．①2…　Ⅱ．①刘…　Ⅲ．①慈善事业—概况—中国
—2015　Ⅳ．①D632．1

中国版本图书馆CIP数据核字（2016）第085264号

书　　名：2015中国慈善捐赠发展蓝皮书
主　　编：刘　京

出 版 人：浦善新
终 审 人：李　浩
责任编辑：杨建萍　　**责任校对：**王　璐

出版发行：中国社会出版社　邮政编码：100032
通联方法：北京市西城区二龙路甲33号
电　　话：编辑室：（010）58124838
销售部：（010）58124835
（010）58124837
网　　址：www.shcbs.com.cn
shcbs.mca.gov.cn
经　　销：各地新华书店

中国社会出版社天猫旗舰店

印刷装订：北京九州迅驰传媒文化有限公司
开　　本：170mm×240mm　1/16
印　　张：15．75
字　　数：200千字
版　　次：2016年4月第1版
印　　次：2016年4月第1次印刷
定　　价：36．00元

中国社会出版社微信公众号

捐赠者是最可爱的人

在世界经济复苏乏力、各国政府都努力向民众传递信心的大背景下，2015年，中国的慈善捐赠却得到了有目共睹的发展。公众分散的小额捐赠与企业集中的大额捐赠相得益彰。

“互联网+公益”打通善路，进而迸发出惊人力量：腾讯公司发起的“9·9公益日”活动，吸引了200多万人次参与，在72小时内完成了网络筹款近1.3亿元的奇迹；百度公司举行的“公益一小时”在一小时内为重症孤儿筹款500万元；阿里巴巴集团发起的“天天正能量”项目，旨在奖励平凡人的善举，其中8人在“双十一”为阿里巴巴登陆纽交所敲响了上市钟……

大额捐赠不断涌现：中国泛海控股集团董事长、党委书记卢志强通过泛海公益基金会向复旦大学捐赠7亿元；阿里巴巴集团董事局主席马云向他的母校杭州师范大学捐赠1亿元；新奥集团承诺向北京大学提供公益性捐赠及其他合作资金共3亿元；宁夏宝丰集团股份有限公司董事长党彦宝2015年捐赠额达1.75亿元；腾讯主要创办人之一陈一丹承诺捐赠20亿元创办武汉学院，探索民间办学的可能。

除了传统的捐款捐物外，股权、有价证券等捐赠方式被愈发广泛地使用。北京东方园林投资控股有限公司董事长何巧女承诺通过减持股票变现的形式，捐赠给北京巧女基金会现金29.23亿元。

同时，公益组织也有效回应了社会诉求，更积极地规范捐赠款物使用、健全组织结构治理、强化信息公开，获得了更多捐赠人的信任。015年，中国光华科技基金会捐赠收入超过6亿元；中国妇女发展基金会捐赠收入超5亿元；中国扶贫基金会捐赠收入达4.6亿元；中国青少年发展基金会捐赠收入达4.5亿元；中国社会福利基金会捐赠收入达2.67亿元；中华少年儿童慈善救助基金会捐赠收入为1.9亿元；中国红十字基金会捐赠收入为1.59亿元……

我们欣喜地看到，积德行善作为中国人的传统，正借助着慈善渠道的不断拓展，以一种更为直接的方式复兴。这些捐赠在教育、扶贫、环保、救灾等社会关注、群众急盼的领域发挥了重大作用。

更为重要的是，以企业家为代表的中国慈善榜上榜慈善家及企业数量的逐年上升，也正基于这样的社会氛围。部分捐赠者通过捐赠行为，开始有意识地参与到社会管理中。将来社会上的大部分人都要在企业里生存，他们的生活状态、价值取向和工作方式都与企业息息相关。而这一切，又都与社会形态紧密相连。用社会价值来影响经济发展，很难说不是未来的趋势。具有奉献精神将会是最高级的企业社会责任，企业里的每个人都是捐赠者，每个人都是奉献者。

我国民众日益增长的捐赠行为，一定程度上源于我国慈善事业公信力及有效性的提升。2015年，发展慈善事业被纳入顶层设计，相关政策持续发力。《国务院关于促进慈善事业健康发展的指导意见》落地生根，25个省（区、市）出台了实施意见。慈善立法在2015年得到突破性进展。几经讨论与修改，中国第一部公益慈善领域的基本法——慈善法在2016年3月表决通过。

慈善的变革细致入微，与时代的演进高度吻合。

2016年，是“十三五”规划的开局之年。在建设开放型经济新体制的同时，将有更多创新举措用于全面深化改革。从加强社会管理到创新社会治理，越来越多的社会力量被鼓励参与到社会领域各项工作中。中国的慈善事业必将大有可为。

因此，我们更努力地发掘社会中善的信号，更加旗帜鲜明地扬善，大张旗鼓地宣传这些可爱的捐赠人，就是为了通过记录这些细微的数据，让人们铭记住奉献的力量，通过每个个案的传播，来推动中国慈善的进程。这也是“中国慈善榜”在时代的波澜与宏阔之中坚持了13年的意义。

公益时报社社长　刘京
2016年4月

目录

一

2015 中国慈善捐赠发展蓝皮书总报告

2015 年，对于中国公益慈善行业来说，是完善行业链条、构建慈善产业生态系统的滥觞之年，也是回顾评估“十二五”慈善事业发展成果、展望“十三五”慈善事业发展规划的承启之年。在这一年中，我国公益慈善事业异彩纷呈，政府重视、企业推动、行业联合、多元创新、科技助力，中国慈善迎来了创新发展、多元助力的新时代。

回望 5 年前，民政部发布《中国慈善事业发展指导纲要（2011—2015 年）》，为指导和促进“十二五”时期我国慈善事业健康发展引航，明确指出六项加快发展慈善事业的重点任务：完善慈善事业法规政策体系，促进公益慈善组织发展，加强慈善事业人才和志愿者队伍建设，不断拓展慈善资源，完善慈善事业监管体系，加强慈善文化建设。

“十二五”期间，在公众高度关注的社会背景下，社会各界对慈善事业的发展给予了前所未有的重视，使得上述六项任务得到了很好的执行。

第一，慈善法制建设取得重大进展。慈善立法快速推进。2013 年 11 月，慈善立法纳入十二届全国人大立法规划，2015 年，《中华人民共和国慈善法（草案）》经过十二届全国人大常委会两次审议。慈善事业发展的政策法规逐步完善。2014 年 12 月，国务院下发《关于促进慈善事业健康发展的指导意见》（以下简称《意见》），对促进慈善事业健康发展作出了系统部署，这是新中国成立以来第一个以中央政府名义出台的指导、规范和推进慈善事业发展的文件。民政部印发《关于贯彻落实〈国务院关于促进慈善事业健康发展的指导意见〉的通知》，对《意见》的规定进行了细化，提出了更明确的要求。

第二，慈善组织数量显著增加，能力出现较大提升。2011—2014年全国社会组织数量呈现上升趋势，其总数分别为46.2万、49.9万、54.7万和60.6万个，4年内社会组织共增加14.4万个。公益支出数额不仅能反映慈善组织所具有的吸引慈善资源的能力，同时也能够体现慈善组织自身的管理运营效率。“十二五”期间我国慈善组织公益支出总体呈上涨趋势。

第三，慈善资源总量稳步增加，出现新媒体捐赠热潮。无论是慈善财产的筹集还是捐赠方式均在“十二五”期间表现出了新特点，而这些变化与互联网时代的到来、民众生活水平的普遍提升以及慈善观念的不断普及密切相关。

第四，慈善研究与慈善教育方兴未艾。慈善研究机构数量明显增加，慈善人才培养及教育日益受到重视。

第五，慈善活动呈现国际化趋势，主要体现在项目开展的国际化、合作交流的国际化以及国际认可程度的提升上。

第六，慈善行业自律和监督迈出实质性步伐。2013年4月成立的中国慈善联合会，为慈善行业的自律提供了组织载体。尽管出现了诸多关于慈善行业的负面信息，公众对于慈善行业的信任也受到了较大的影响，但是从慈善行业整体情况来看，由于行业自律载体的增多和监督力度的加大，其透明水平出现了一定的提升，整个慈善事业已经走出了公信危机而步入快速发展的通道。

2015年，慈善捐赠事业得到了有目共睹的快速发展。民政部部长李立国在2015中国慈善年会上高度评价过去的一年，认为慈善行业“为历史铭刻下又一个浓墨重彩、成效显著的慈善年”。

李立国表示：“这一年，社会爱心充分涌流。普通民众的小额、分散捐赠与企业的大额、集中捐赠相得益彰，股权、知识产权收益、有价证券等新型捐赠方式与传统的捐款捐物同放光彩，网络慈善、微公益与线下慈善活动相互促进，进一步拓展了慈善渠道，促进了人人参与、时时奉献，处处可为，为慈善事业注入了数以千亿款物和千万人次志愿服务的‘源头活水’。这一年，慈善组织勇担使命。他们以大爱的情怀和担当，以专业方式回应社会需求，主动响应政府号召，深深扎根基层，在扶贫、救灾、救急难等社会关注、群众急盼的领域发挥了积极作用；他们努力健全组织治理结构，规范捐赠款物使用，强化慈善信息公开，积极实行募用分离，进一步提高了我国慈善事业的透明度、公信力和有效性；他们主动走出国门，开展了尼泊尔地震联合救援、人文交流、环境保护等慈善活动，展示了中国慈善力量，宣扬了中国慈善精神，亮出了中国慈善名片。这一年，立法工作和政策续写新篇。慈善法立法工作加速推进，全国人大常委会‘二审’已经完成，将提请 2016 年全国人代会审议；《国务院关于促进慈善事业健康发展的指导意见》落地生根，25 个省（区、市）出台了实施意见。民政部与有关部门联合制定了支持中央企业积极投身公益慈善事业的意见、建立和完善慈善表彰奖励制度的指导意见、积极发挥新闻媒体作用，做好慈善事业宣传工作的通知以及规范志愿服务记录证明的指导意见，进一步完善了促进慈善事业健康发展的政策措施。我们根据最新修订的《“中华慈善奖”评选表彰办法》，组织开展了第九届‘中华慈善奖’评选表彰工作，进一步发挥了表彰的激励示范作用。”

（一）慈善法问世

2015 年 10 月 30 日至 11 月 4 日，备受关注的《中华人民共和国慈善法（草案）》在十二届全国人大常委会第十七次会议上进行初次审议。之后，草案全文向社会征集意见。此举标志着我国慈善立法迈出了历史性一步。《中华人民共和国慈善法（草案）》对于慈善的界定、慈善组织、慈善财产、慈善募捐和捐赠、慈善服务、信息公开、慈善信托、慈善监管、慈善促进政策以及法律责任等进行了规定，其亮点表现在以下几个方面：一是采取了大慈善的概念，不仅包括了传统慈善的范畴，还将促进教育、科学、文化、卫生事业的发展以及环境保护等内容纳入其中，将符合社会公共利益的其他活动也作为法律鼓励和促进的范围；二是慈善组织采用直接登记制度，降低了慈善组织设立的门槛，同时将慈善组织的形式表述为“基金会、社会团体和社会服务机构”，用“社会服务机构”替代了“民办非企业单位”；三是在规范慈善募捐秩序的基础上适度放开了慈善组织公募资格，为慈善组织之间的公平竞争扫清了法律障碍；四是将慈善信托纳入慈善法的调整范围，有助于激活我国慈善信托制度；五是确定了包括行政监管、行业监管、社会监管在内的综合监管体系；六是对于未登记的社会组织开展慈善活动采取宽容态度，从而充分调动社会力量开展慈善活动。2015 年 12 月 21 日至 27 日，第十二届全国人大常委会第十八次会议在北京召开，会议继续审议《中华人民共和国慈善法（草案）》。修改后的《中华人民共和国慈善法（草案）》最明显的变化是取消了网络、电视、广播等募捐的地域限制，加大了对慈善组织和企业大额捐赠的税收优惠力度，尤其是通过税收优惠政策加大对贫困人口的慈善帮扶力度。全国人大法律委员会认为，慈善法是社会领域的一部基础性、综合性法律，制定此法为推动我国慈善事业发展提供了法制保障。

（二）精准扶贫改变公益慈善模式

2015 年，中央财政预算安排扶贫资金补助地方部分 460.9 亿元，重点支持集中连片特殊困难地区的扶贫攻坚，大力推进中国贫困地区的精准扶贫工作。

自提出“精准扶贫”思想以来，习近平总书记在各地调研时多次提及这一理念，并于 2015 年 6 月在贵州提出，扶贫工作要做到“切实落实领导责任、切实做到精准扶贫、切实强化社会合力、切实加强基层组织”，并将精准扶贫思想概括为“扶贫对象精准、项目安排精准、资金使用精准、措施到户精准、因村派人精准、脱贫成效精准”。

在这样的扶贫思路指引下，我国的慈善扶贫模式也在明显地发生着转变。

2015 年第四届中国公益慈善交流展示会就曾特设扶贫济困展区，让精准扶贫项目交流展示与资源对接，实现社会慈善资源的精准扶贫。

慈展会上，深圳福田区与新疆塔县签订《2016—2020 精准扶贫合作框架协议》。根据协议，福田区将实施六个精准扶贫措施，结合塔县相应乡、村的自然、经济和资源情况，采取试点村整村推进以及一户一对策、一人一办法等点面结合的支援方式实施精准扶贫，在 5 年内落实 1 亿元的帮扶资金，帮助塔县 1.3 万贫困人口脱贫。

云南蒲公英民族扶贫助学基金长期致力于对云南少数民族地区的精准扶贫，在云南民族贫困地区推广科学的良种良法养殖、种植，开展大中专毕业生和待业青年技能培训等互动式、造血型的扶贫助学项目。

“精准扶贫的精准是提升人的能力与素质的精准。”基金会秘书长阚瑞娟认为，劳动致富是精准扶贫的基础，通过外力帮助，提升人的思想，使贫困的人们可以运用自身能力结合拥有的资源与文化脱贫致富，扶贫是扶志与扶智的结合。

阚瑞娟说，对贫困村民的扶贫项目重点在让村民拥有知识和能力，而对有学习需求的偏远山区贫困人口，重点应是为其开发能够终生受益的绿色银行，对山区少数民族的精准扶贫是增加劳动技能、提高劳动意识与改善生态环境的结合。

精准扶贫除了是对贫困人口的精准帮扶外，还包括对贫困人口的精准识别。新疆红石慈善基金会副秘书长刘玲珠表示，扶贫事业一定要做到标准明确，所有扶贫项目的确定需建立在资料审核与亲自查访的基础上。

新疆红石慈善基金会长期从事对新疆穷困地区与人口的慈善帮扶，先后开展了一对一助学、偏远小学体育器材援建等公益项目。刘玲珠说，确定帮扶的学生与学校来源于社会与媒体的推荐，对于帮扶的对象有严格准入和排除标准，需将慈善资源集中在最困难、最需要帮助的人和地区。

精准扶贫需创新形式，结合地方特色打造扶贫方案。众多公益组织利用互联网工具，运用商业持续模式，全面提升农村扶贫的水平，进入精准扶贫阶段。包括产业开发小额贷款项目、农村助学与助教、乡村文化遗产的保护、生态农业与环境改造、医疗帮扶与基础建设等等。同时借鉴我国台湾等地“社区整体营造”的手法，赋力赋能在地力量，通过人、文、地、产、景的综合评估与整体改造，从而推动农村地区整体面貌的改变与提升。这种长期的、在地式的综合扶贫方法，将会是未来社会力量参与农村建设的重要方式。

（三）“互联网+”成公益常态

互联网之于慈善，是以互联网为基础的设施和实现工具与慈善事业的深度融合，创造出多元多彩的新的发展模式。互联网的跨界融合、创新驱动、尊重人性、开放包容、互通共享的特征，也正是慈善事业本身的特质。互联网为公益慈善事业提供了连接一切的工具、改变思维的模式、平等公平的视角，也为行业监督和自律提供了契机。

“中国正在进入人人公益时代，传统的线下公益模式，人人公益可能需要很多年才会产生显著的变化，而在今天的移动互联网时代，一两年之内就会产生巨大的变革。”南都公益基金会理事长徐永光对互联网作出了这样的解读。

网络慈善从关注到捐助、再到今天的“众助”，科技改变了传统的公益形式。“互联网 + 公益”，绝不等于在互联网上展示公益，绝不仅仅是用来募款、展示项目、宣传机构的工具，而应该发挥互联网在资源配置上的高效优势，形成社会自组织的力量，形成能够自发自动地解决社会问题的模式，这才是互联网带来的良性的公益生态。在正确的互联网思维下，众包、众筹、众智、众创为公益组织和公益项目开辟了新的资源渠道。

继 2014 年“让红包飞”引爆公众慈善捐赠热潮之后，2015 年上线的微信运动再次引爆公众“做运动、做公益”的风潮，在“捐步数”上线的当晚，微信平台捐赠的总步数就达到了 16.3 亿步，捐赠次数 11.6 万次，创新性地把运动和公益结合在一起，用互联网和穿戴设备，推动健康的生活方式，同时让众人参与公益事业。2015 年，各大电商平台也各显其能，依托农村电商和产业开发精准扶贫，建设移动互联网乡村；污染地图 APP 升级为蔚蓝地图，随时监测空气质量和水源污染，通过互联网信息公开推动公众有效参与环境治理；腾讯“9·9 公益日”吹响了全民网络慈善的号角，数亿网民通过小额现金捐赠、步数捐赠、声音捐赠等模式，以轻量、便捷、快乐的方式参与公益，1.28 亿元见证了“指尖上的公益”所迸发出的强大力量。

（四）公益“向外走”得到肯定

2015 年，随着中国从韬光养晦到积极参与全球治理议题设置的外交战略转变，中国慈善组织开始跨出国门，走向世界，开启了中国慈善国际化的新征程。

2015年年初，果敢民间公益组织发展论坛召开，目的是搭建果敢民间组织和中国民间公益组织交流合作的平台，几年来，一群中国公益人在这片神秘而贫困的土地上，为果敢人民的医疗、教育和发展默默奉献，践行着“公益不分地域和国界”的初衷；7月27日，中国扶贫基金会首家海外办公室正式在缅甸成立，中国扶贫基金会国际化探索进入了一个全新阶段。

4月25日，尼泊尔发生里氏8.1级地震，壹基金、中国扶贫基金会、爱德基金会等中国慈善组织快速反应、迅速行动，携全国人民的关注和爱心翻越喜马拉雅，在尼泊尔地震的一线开展有效的抗震救援工作，见证了中国慈善组织第一次大规模参与国际人道主义救援行动，同时考验了中国民间救灾组织有效、有序的协调合作机制。

2015年，爱德基金会成立30周年，借此举办了养老、助残、儿童权利、两岸宗教公益、农村发展等多个国际研讨会和论坛；爱德基金会在埃塞俄比亚和瑞士日内瓦的两个海外办公室也相继成立，在更大的国际舞台上与更多的国际民间组织开展交流互动，让中国社会组织的声音得以远播。

12月初，习近平主席出席中非合作论坛（FOCAC），提出中非“十大合作计划”，包括就业、减贫、粮食安全、公共卫生、文化教育、野生动植物保护等惠及非洲人民的民生大事，并配套600亿美元的资金支持。中非合作应更多关注关系发展的可持续性，另外还要开辟新的接触方式，而不仅局限于政府对政府模式。

近年来，中国公益组织在非洲已经做出了诸多尝试，如扶贫基金会在苏丹援建阿布欧舍友谊医院、中国青少年发展基金会的“中非希望工程”、星巴创立的马赛马拉野生动物基金会等，中非合作全面展开定会为民间慈善交流合作提供新的机遇，民间组织交流将为中非关系全面发展增添新的砝码。

（五）公益人才培养方兴未艾

2015 年 5 月，民政部与清华大学合办的清华大学公益慈善研究院成立，目标是推动学科建设、推动人才培养、为公益慈善培养高端的专门人才。11 月，由 5 位中美慈善家联合发起的深圳国际公益学院成立，更加注重公益慈善领域的国际交流与合作，以培养具有国际视野、创新意识、多元文化的公益慈善高端管理人才为目标。近年来，中国公益慈善事业虽发展迅速，但基础十分孱弱，民间认知落后、专业培训匮乏、行业薪酬低成为制约公益人才发展的三大障碍，慈善组织的能力建设和人才培养一直是业界关注的重点。面对行业对专业人才的迫切需求，众多公益机构率先发起各种针对公益人才的培养和培训计划，如银杏伙伴计划、公益星火计划、卓越领导力计划、慈善千人计划、劲草同行计划、明日伙伴计划、基金会秘书长培训班、四川青基会天府伙伴计划、敦和公益优才计划等，涵盖从“草根”NGO（非政府组织）到基金会、从项目官员到机构管理者全方位、多角度、跨行业的培训项目。

除了公益组织举办的各类短期培训之外，各大高校也积极参与，建立专门的公益人才培养体系，一方面满足现有公益行业对学历教育和体系教育的需求，一方面吸引社会人才，不断为公益慈善行业输送新生力量。如北京大学光华管理学院社会公益管理项目、清华大学公益慈善方向双证 MPA 项目、人民大学非营利管理方向双证 MPA 项目、北京师范大学公益慈善领域 MPA（双证）项目等，目标是培养公益事业和公共服务的高级管理人才。除了行业性组织、高校举办的各类公益人才培养项目之外，各地政府、公益组织也纷纷开展针对公益行业实操的短期充电沙龙和培训，以促进同行之间的经验交流，公益实务的沟通与共享。如今，多元化、跨领域、多层级、全周期的公益慈善人才培养体系已经初步建立，但人才培养的效果仍待考验。中国公益慈善行业缺乏的不仅仅是专业的机构管理者，更大的缺口在于如何满足社会形形色色需求的专业服务人才，这需要政府、企业、学界、公益组织等社会力量的持续关注，公益慈善行业的基础建设与专业化水平任重而道远。

二

行业方针政策日趋精准规范

2015年，公益慈善事业相关政策持续发力，更多社会主体被鼓励参与公益慈善事业，精准、规范成为关键词。

政府工作报告继续提出发展专业社会工作、志愿服务和慈善事业。

继民营企业之后，2015年，中央企业作为一支重要力量，被明确要求增强参与公益慈善事业，特别是参与“救急难”工作的积极性和主动性，不断提高企业慈善工作的能力和水平，为推动中国特色公益慈善事业发展、全面建成小康社会作出应有的贡献。

鼓励不同主体投身公益慈善事业的同时，相关的支持政策也在不断推出，最突出的就是与捐赠有关的税收政策的调整。公益性捐赠税前扣除资格确认这一非行政许可审批事项被取消；免征企业所得税由审批制改为备案制。

增加公益慈善资源的同时，其具体投向也被明确，精准投入成为关键词。捐赠方被鼓励精准投入扶贫和救灾领域。中央扶贫工作会议提出动员全社会力量广泛参与扶贫事业。社会力量参与救灾则根据救灾工作不同阶段的任务和特点确定了不同阶段的重点范围。

作为捐赠的重要接收方和执行方，社会组织被要求着力推进实施慈善款物募用分离，让慈善资源通过慈善组织间的合理分工、有效协作惠及更多需要帮扶的城乡居民。

在绩效评估方面，表彰和监管作为手段，也被要求更加细化、规范。

民政部、人力资源和社会保障部出台了《关于建立和完善慈善表彰奖励制度的指导意见》，指出当前和今后一个时期，要突出对扶贫济困类慈善行为的表彰。同时提出获奖单位和个人出现严重违法违纪行为或造成不良社会影响的，要对其已获奖项予以撤销。

监管方面，专项基金被特别强调。民政部要求进一步加强专项基金管理工作，规范专项基金有关行为，维护捐赠人、受助人和基金会的合法权益。

（一）发展慈善事业被纳入顶层设计

2015 年 3 月 5 日，第十二届全国人民代表大会第三次会议召开，李克强总理作政府工作报告。4 月 10 日，国务院发布了《关于落实〈政府工作报告〉重点工作部门分工的意见》，明确了《政府工作报告》确定的重点工作的部门分工：

深化社会组织管理制度改革，加快行业协会商会与行政机关脱钩；支持群团组织依法参与社会治理，发展专业社会工作、志愿服务和慈善事业；鼓励社会力量兴办养老设施，发展社区和居家养老等由民政部、发展改革委、人力资源和社会保障部、人民银行、工商总局、税务总局、全国老龄办等负责。

为农村留守儿童、妇女、老人提供关爱服务，建立未成年人社会保护制度，切实保障妇女儿童权益由民政部、国务院妇儿工委、教育部、财政部、全国老龄办等负责。

慈善事业既被纳入顶层设计，又明确了具体的负责部门，最终一系列鼓励慈善事业发展的政策法规在 2015 年被陆续推出。

央企被鼓励参与公益慈善事业

中央企业是国民经济的骨干和中坚，承担着促进经济社会发展的使命和责任。与社会的普遍期望和形势的发展需要相比，中央企业参与公益慈善事业的潜力有待进一步挖掘，优势有待进一步发挥。为此，民政部和国资委联合下发了《关于支持中央企业积极投身公益慈善事业的意见》（以下简称《意见》）。

这是继2014年民政部和全国工商联联合下发《关于鼓励支持民营企业积极投身公益慈善事业的意见》，为民营企业投身公益慈善事业指明路径与方向之后，又一股慈善事业的重要力量被明确鼓励参与公益慈善事业。

《意见》要求各中央企业要增强参与公益慈善事业，特别是参与“救急难”工作的积极性和主动性，在实现国有资产保值增值的前提下，发挥资金雄厚、管理规范、覆盖全国、职工众多等优势，不断提高企业慈善工作的能力和水平，为推动中国特色公益慈善事业发展、全面建成小康社会作出应有的贡献。

《意见》同时指出，中央企业参与公益慈善事业需要贯彻四个原则：中央企业参与“救急难”等公益慈善事业应坚持自愿参与、无偿捐赠的原则；应坚持履行促进经济发展责任与履行社会责任统筹兼顾；要遵守国家有关法律法规和政策规定，不得违背社会公德，不得损害公共利益和他人的合法权益；在国际慈善活动中，中央企业要遵守所在国法律，尊重当地的民族习惯和宗教信仰；要将参与慈善事业纳入自身发展规划，并结合企业的资源和专业特长，制订各具特色的参与慈善事业的规划，建立制度规范和工作程序，合理选择慈善领域、项目和形式，科学实施，提高慈善资源的使用效益。

《意见》为中央企业参与慈善事业提供了10个方面的指引。鼓励中央企业通过多种途径参与公益慈善事业。

一是直接设立慈善组织。具备条件的中央企业可依法设立基金会，或在慈善组织中设立专项基金，也可在扶贫济困、教育、医疗、养老、助残、儿童福利、社会工作等公益事业领域兴办民办非企业单位。

二是发挥好已成立基金会的作用。

三是利用自有资金积极进行捐赠。鼓励中央企业在企业董事会或类似决策机构批准的对外捐赠预算范围内，利用留存利润，积极进行捐赠。对因重大自然灾害、急难事项等紧急情况需要超出预算规定范围的对外捐赠事项，企业应提交董事会或类似决策机构专题审议，并履行相应的预算追加审批程序。鼓励中央企业动员职工进行自愿捐赠，并给予一定的激励和表彰。

四是与慈善组织缔结合作关系。鼓励中央企业选择治理规范、公信力高的慈善组织合作，委托慈善组织开展企业自行设立的慈善项目，或参与慈善组织设立的有影响力、创新性和实效性的慈善项目，作为资源供给方和效果考核方来发挥作用。鼓励中央企业对某一慈善领域或慈善项目给予稳定、持续的关注和支持，以形成长期广泛的社会影响和正面积极的社会评价。

五是组织职工开展志愿服务。

六是深入做好定点扶贫工作。继续发挥好中央企业定点扶贫机制的作用，在中央企业负有扶贫任务的地区，广泛开展扶贫济困、帮老助幼、支教助学、卫生保健、科技推广、环境保护、应急救援、心理安抚等多种形式的公益慈善活动。支持、引导中央企业积极参与“救急难”工作，探索中央企业开展慈善救助的新方法、新路径。鼓励中央企业与慈善组织共同开展活动，提升工作的专业性和有效性。

七是支持慈善文化传播。

八是在投资兴业中吸纳困难群体。

九是确定专门负责社会责任履行的部门。

十是创新其他参与慈善事业的方式。支持有条件的中央企业依托相关金融机构、慈善组织设立慈善信托。鼓励中央企业整合内部捐赠资源，统一筹划部署，结合企业战略模式，聚合内部资源并形成合力，打造有影响力、可持续的公益慈善品牌项目。

相关税收优惠政策门槛降低

鼓励不同主体投身公益慈善事业的同时，相关的支持政策也在不断推出，最突出的就是与捐赠有关的税收政策的调整。一是公益性捐赠税前扣除资格确认这一非行政许可审批事项被取消；二是免征企业所得税由审批制改为备案制。对于慈善捐赠而言这无疑是巨大的福音。

5 月 14 日，国务院发布《关于取消非行政许可审批事项的决定》（以下简称《决定》），提出“在前期大幅减少部门非行政许可审批事项的基础上，再取消 49 项非行政许可审批事项”。

其中第 16 项为“公益性捐赠税前扣除资格确认”。这表明以《财政部 国家税务总局 民政部关于公益性捐赠税前扣除有关问题的通知》（以下简称《通知》）和《财政部国家税务总局民政部关于公益性捐赠税前扣除有关问题的补充通知》（以下简称《补充通知》）为依据的“公益性捐赠税前扣除资格确认”被取消。

由于企业或个人通过获得公益性捐赠税前扣除资格的公益性社会团体，用于公益事业的捐赠支出，可以按规定进行所得税税前扣除。所以公益性捐赠税前扣除资格对于慈善捐赠的发展具有至关重要的作用。

在此之前，公益性社会团体应同时向财政、税务、民政部门提出申请，并分别报送材料。民政部门负责对公益性社会团体资格进行初步审查，财政、税务部门会同民政部门对公益性捐赠税前扣除资格联合进行审核确认。

清华大学公共管理学院副教授贾西津认为：“民政、财政、税务三部门都属于国家行政主管部门，认定公益性社会团体获得‘公益性捐赠税前扣除资格’是三部门依据自身部门属性作出的‘行政许可审批’行为，不在取消范围内。但当三部门分别接收到公益性社会团体申请‘免税’资料，进入认定环节，民政初步审查，再由财政、税务会同民政联合进行审核确认，这就形成了重复审核，属于‘非行政许可’范畴。取消意味着今后三部门联合认定会变得更加简单，有可能将三家认定职能集中到一家实施，将部门并联变为串联，这应该是对取消‘非行政许可审批’最好的解读。”

2016年1月下旬，财政部、国家税务总局、民政部联合发布的《关于公益性捐赠税前扣除资格确认审批有关调整事项的通知》验证了这一点：社会组织报送捐赠税前扣除资格申请报告和相关材料的环节被取消，即《财政部 国家税务总局 民政部关于公益性捐赠税前扣除有关问题的通知》（财税〔2008〕160号）相关申报流程停止执行，改由财政、税务、民政等部门结合社会组织登记注册、公益活动情况联合确认公益性捐赠税前扣除资格，并以公告形式发布名单。

11月12日，国家税务总局2015年第76号公告发布《企业所得税优惠政策事项办理办法》，明确提出企业应当自行判断其是否符合税收优惠政策规定的条件。凡享受企业所得税优惠的，应当按照本办法规定向税务机关履行备案手续，妥善保管留存备查资料。这意味着企业所得税优惠由审批制改为备案制。

随办法发布的《企业所得税优惠事项备案管理目录》第五项即为符合条件的非营利组织的收入免征企业所得税。包括符合条件的非营利组织取得的捐赠收入、不征税收入以外的政府补助收入、会费收入、不征税收入和免税收入孳生的银行存款利息收入等，不包括非营利组织的营利收入。非营利组织主要包括事业单位、社会团体、基金会、民办非企业单位、宗教活动场所等。

免税资格的事后备案，无疑是一缕春风，开启了政府监管的新时代。之前社会组织向税务机关申办免税资格，存在程序不透明、审批周期长、退税难度大、沟通成本高等问题，虽然大部分基金会免税资格的申请最终有惊无险，但不能不说其过程过于艰辛。如今免税资格的事后备案，被免税困扰多年、谈“税”色变的NGO组织必定欣喜鼓舞。这彰显了政府转变工作职能、改变工作作风、鼓励社会组织发展的巨大决心，政府也将从原来的“重审批、轻管理”的工作方式逐渐迈入“重管理、优服务”的新监管时代。

（二）精准慈善捐赠时代来临

与鼓励更多主体投入公益慈善事业相对应的，是投入的方向被导向更精确的领域。2015 年两大领域成为被鼓励投入的重点方向，第一是扶贫，第二是救灾。而如何投入、怎样投入才能取得最佳效益，被格外关注。

作为捐赠的重要接收方和执行方，社会组织同样被鼓励根据不同定位开展工作，要求着力推进实施慈善款物募用分离，让慈善资源通过慈善组织间的合理分工、有效协作惠及更多需要帮扶的城乡居民。

精准扶贫鼓励社会力量参与

扶贫工作历来是我国政府重点关注的领域之一。最近几年，每年的政府工作报告都会提及。2015 年李克强总理在政府工作报告中再次提出：持续打好扶贫攻坚战，深入推进集中连片特困地区扶贫开发，实施精准扶贫、精准脱贫。难度再大，今年也要再减少农村贫困人口 1000 万人以上。

与往年的工作力度相比，2015 年扶贫工作受到了格外的重视。11 月 27 日至 28 日，中央扶贫开发工作会议在北京召开。中共中央总书记、国家主席、中央军委主席习近平出席会议并发表重要讲话。强调，我们要立下愚公移山志，咬定目标、苦干实干，坚决打赢脱贫攻坚战，确保到 2020 年所有贫困地区和贫困人口一道迈入全面小康社会。要动员全社会力量广泛参与扶贫事业。同时指出，我们要清醒地认识到，当前我国脱贫攻坚形势依然严峻。

截至2014年年底，全国仍有7000多万农村贫困人口。“十三五”期间脱贫攻坚的目标是，到2020年稳定实现农村贫困人口不愁吃、不愁穿，农村贫困人口义务教育、基本医疗、住房安全有保障；同时实现贫困地区农民人均可支配收入增长幅度高于全国平均水平、基本公共服务主要领域指标接近全国平均水平。脱贫攻坚已经到了啃硬骨头、攻坚拔寨的冲刺阶段，必须以更大的决心、更明确的思路、更精准的举措、超常规的力度，众志成城，实现脱贫攻坚目标，决不能落下一个贫困地区、一个贫困群众。

习近平指出，要坚持精准扶贫、精准脱贫，重在提高脱贫攻坚成效。关键是要找准路子、构建好的体制机制，在精准施策上出实招、在精准推进上下实功、在精准落地上见实效。要解决好“扶持谁”的问题，确保把真正的贫困人口弄清楚，把贫困人口、贫困程度、致贫原因等搞清楚，以便做到因户施策、因人施策。要解决好“谁来扶”的问题，加快形成中央统筹、省（自治区、直辖市）负总责、市（地）县抓落实的扶贫开发工作机制，做到分工明确、责任清晰、任务到人、考核到位。

习近平强调，要解决好“怎么扶”的问题，按照贫困地区和贫困人口的具体情况，实施“五个一批”工程。

一是发展生产脱贫一批，引导和支持所有有劳动能力的人依靠自己的双手开创美好明天，立足当地资源，实现就地脱贫。

二是易地搬迁脱贫一批，贫困人口很难实现就地脱贫的要实施易地搬迁，按规划、分年度、有计划组织实施，确保搬得出、稳得住、能致富。

三是生态补偿脱贫一批，加大贫困地区生态保护修复力度，增加重点生态功能区转移支付，扩大政策实施范围，让有劳动能力的贫困人口就地转成护林员等生态保护人员。

四是发展教育脱贫一批，治贫先治愚，扶贫先扶智，国家教育经费要继续向贫困地区倾斜、向基础教育倾斜、向职业教育倾斜，帮助贫困地区改善办学条件，对农村贫困家庭幼儿特别是留守儿童给予特殊关爱。

五是社会保障兜底一批，对贫困人口中完全或部分丧失劳动能力的人，由社会保障来兜底，统筹协调农村扶贫标准和农村低保标准，加大其他形式的社会救助力度。要加强医疗保险和医疗救助，新型农村合作医疗和大病保险政策要对贫困人口倾斜。要高度重视革命老区脱贫攻坚工作。

习近平指出，精准扶贫是为了精准脱贫。要设定时间表，实现有序退出，既要防止拖延病，又要防止急躁症。要留出缓冲期，在一定时间内实行摘帽不摘政策。要实行严格评估，按照摘帽标准验收。要实行逐户销号，做到脱贫到人，脱没脱贫要同群众一起算账，要群众认账。

习近平指出，扶贫开发投入力度，要同打赢脱贫攻坚战的要求相匹配。中央财政专项扶贫资金、中央基建投资用于扶贫的资金等，增长幅度要体现加大脱贫攻坚力度的要求。中央财政一般性转移支付、各类涉及民生的专项转移支付，要进一步向贫困地区倾斜。省级财政、对口扶贫的东部地区要相应增加扶贫资金投入。要加大扶贫资金整合力度。要做好金融扶贫这篇文章，加快农村金融改革创新步伐。要加强扶贫资金阳光化管理，集中整治和查处扶贫领域的职务犯罪，对挤占挪用、层层截留、虚报冒领、挥霍浪费扶贫资金的要从严惩处。

习近平强调，脱贫致富终究要靠贫困群众用自己的辛勤劳动来实现。没有比人更高的山，没有比脚更长的路。要重视发挥广大基层干部群众的首创精神，让他们的心热起来、行动起来，靠辛勤劳动改变贫困落后面貌。要动员全社会力量广泛参与扶贫事业。

社会力量参与救灾机制建立

自2008年汶川地震以来，在灾害发生时，一方有难八方支援的传统便被极大发扬，社会力量参与救灾的爱心高涨。如何引导这一热情规范发展，促进慈善捐赠的有序进行，在2015年取得了突破性的进展。

5月7日下午3时，民政部副部长窦玉沛出席国务院新闻办公室举行的新闻发布会，介绍尼泊尔里氏8.1级强震西藏灾区抗震救灾情况并答记者问。

对于民间力量的介入，窦玉沛表示："过去重大自然灾害救灾工作一般是以政府为主，近年来我国社会组织、爱心人士和民间力量对灾害救援的参与越来越广泛，行动越来越迅速。我们正在研究建立如何引导社会力量参与救灾的机制。"

"大灾发生后，我们一般通过媒体呼吁社会力量先不要盲目到达灾区。比如说这次西藏灾区救灾工作中，我们不主张社会组织第一时间去灾区，原因是灾区交通不便，气候条件不好，而且处于高原、高寒地区，如果大量的社会组织、志愿者无序进入后，有可能自身得不到应有保障，可能陷入被救援的境地。"窦玉沛强调。

对于如何发挥社会组织作用，窦玉沛表示："灾情相对稳定后，我们还是希望社会组织能够积极参与救灾，捐赠物资或资金，志愿者也可到灾区安置点向受灾群众进行心理疏导，开展帮扶和济困等。"

10月8日，民政部发布《关于支持引导社会力量参与救灾工作的指导意见》（以下简称《意见》）。《意见》要求根据救灾工作不同阶段的任务和特点，支持和引导社会力量充分发挥优势，并确定了不同阶段的重点范围。

常态减灾阶段：积极鼓励和支持社会力量参与日常减灾各项工

作，注重发挥社会力量在人力、技术、资金、装备等方面的优势，支持社会力量参与或组织面向社会公众尤其是在中小学校、城乡社区、工矿企业开展防灾减灾知识宣传教育和技能培训，协助做好灾害隐患点的排查和治理，参与社区灾害风险评估、编制灾害风险隐患分布图、制订救灾应急预案，协同开展形式多样的救灾应急演练，着力提升基层单位、城乡社区的综合减灾能力和公众防灾减灾意识及自救互救技能。

紧急救援阶段：突出救援效率，统筹引导具有救援专业设备和技能的社会力量有序参与，注重发挥灾区当地社会力量的作用，协同开展人员搜救、伤病员紧急运送与救治、紧急救援物资运输、受灾人员紧急转移安置、救灾物资接收发放、灾害现场清理、疫病防控、紧急救援人员后勤服务保障等工作。不提倡其他社会力量在紧急救援阶段自行进入灾区。

过渡安置阶段：有序引导社会力量进入灾区，注重支持社会力量协助灾区政府开展受灾群众安置、伤病员照料、救灾物资发放、特殊困难人员扶助、受灾群众心理抚慰、环境清理、卫生防疫等工作，扶助受灾群众恢复生产生活，帮助灾区逐步恢复正常社会秩序。

恢复重建阶段：帮助社会力量及时了解灾区恢复重建需求，支持社会力量参与重建工作，重点是参与居民住房、学校、医院等民生重建项目，以及参与社区重建、生计恢复、心理康复和防灾减灾等领域的恢复重建工作。

同时，各地民政部门要按照《民政部关于完善救灾捐赠导向机制的通知》（以下简称《意见》）要求，加快建立完善救灾捐赠导向机制，鼓励和引导具有救灾宗旨的基金会、慈善组织等社会组织以及爱心企业、社会公众，根据灾区需求参与救灾捐赠活动，倡导以捐赠资金为主，募集资金主要用于帮助灾区做好抢险救灾、灾后恢复重建等工作。

《意见》要求支持引导社会力量参与救灾应坚持以下原则：政府

主导，统筹协调；鼓励支持，引导规范，通过政策保障、资金支持、完善服务、激励表彰等方式，鼓励和支持社会力量积极参与救灾工作；效率优先，就近就便；自愿参与，自助为主。

此外还要求严格落实救灾捐赠信息公开制度，督促社会组织及时公开款物接收数量、款物使用计划、项目实施进展等信息，自觉接受捐赠人和社会公众监督。

慈善款物募用分离

近年来，我国慈善事业发展迅速，社会捐赠总量稳步增长，慈善组织数量不断增加。但是，目前慈善资源在行业内的分布还不均匀，许多具有服务专长但规模较小、知名度较低的慈善组织在获取善款方面遇到明显困难，一些知名度高、募款能力强、资金实力雄厚的慈善组织仍旧沿袭募用一体的运营模式，个别慈善组织还出现了公益事业支出未达标的问题，降低了慈善资源的使用效率，制约了慈善事业的健康发展。

为改善这些问题，落实《国务院关于促进慈善事业健康发展的指导意见》有关要求，10月15日，民政部下发《关于鼓励实施慈善款物募用分离 充分发挥不同类型慈善组织积极作用的指导意见》（以下简称《指导意见》），提出着力推进实施慈善款物募用分离，让慈善资源通过慈善组织间的合理分工、有效协作惠及更多需要帮扶的城乡居民。

实施慈善款物募用分离，有利于优化慈善资源配置，缓解基层慈善组织、小微慈善组织等面临的资金难题；有利于发挥不同类型慈善组织各自优势，形成合力，为帮扶对象提供更加专业、周到的服务；有利于在慈善组织之间形成良性上下游关系，优化行业布局，促进慈善事业改革和发展。

具体实施方式方面，《指导意见》鼓励资助型组织和服务型组织通过四种方式实施募用分离：

协议委托。资助型组织根据工作计划，通过协议方式，将某一慈善项目或活动委托给服务型组织执行，并提供相应的资金支持。采取协议委托方式时，资助型组织要定期跟踪和督查指导服务型组织实施项目情况，采取多种方式对项目实施效果开展评估。服务型组织要严格按照资助型组织的要求实施项目，及时报告项目开展状况。

公益招投标。资助型组织根据工作计划，通过招投标的方式，就某一慈善项目或活动公开征集、择优确定服务型组织作为执行方，并提供相应的资金支持。开展公益招投标工作时，资助型组织要通过招标公告明确时间进度、技术要求、合同条款、投标人资格和服务质量要求等内容，并组建评标委员会，对投标者进行综合评审，从中择优选定项目的中标人。服务型组织要按照招投标工作要求，在同等条件下展开公平竞争。

联合劝募。公募基金会、慈善会等资助型组织通过吸纳服务型组织成为会员、依法为服务型组织设立专项基金或共同发起公开募捐等方式，帮助服务型组织募款。在联合开展公开募捐时，双方要建立特别说明制度，向社会公众说明募款主体、募款目的、款物分配方式和使用方式、拟提取的行政支出比例等核心信息。如采取网络募捐方式，还要主动向互联网信息服务提供者、电信运营商等提供法人登记证书等证明公募资格的文件。

公益创投。资助型组织根据自身宗旨，通过创投的方式，拿出一定资金对服务型组织特别是初创阶段的服务型组织进行支持，帮助其实施自有慈善项目并加快成长，更好发挥社会作用。开展公益创投时，资助型组织要注重通过查验组织愿景、项目计划书、管理团队等情况，发掘和筛选具有发展潜力的服务型组织，并协商确定资金使用条款和关键绩效指标。资助型组织在提供资金的同时，还可配套相应的业务咨询、专业培训、资源链接等能力建设服务。

（三）表彰、监管日益规范

推动慈善事业健康发展可以从正反两方面着手。正面鼓励与监管防范的结合，可以保证公益慈善事业沿着正确的路径不断前行。2015年，无论是表彰还是监管，都在逐渐不断细化，趋向更加规范合理。

推动形成覆盖全国的慈善表彰奖励体系

8月19日，民政部举行例行新闻发布会，通报2015年上半年民政重点业务工作进展及下半年相关工作安排，介绍完善慈善表彰奖励制度及第九届“中华慈善奖”评选表彰活动相关情况。

民政部社会福利和慈善事业促进司副司长孟志强强调各省（自治区、直辖市）开展慈善评选表彰活动，要严格遵守财经纪律和财务规定，举办单位不得以任何形式向参评单位和个人收取费用或者变相收费。

孟志强介绍了《民政部、人力资源社会保障部关于建立和完善慈善表彰奖励制度的指导意见》（以下简称《指导意见》）的相关情况。《指导意见》提出各省（自治区、直辖市）民政部门、人力资源社会保障部门要充分认识新形势下建立和完善慈善表彰奖励制度的重要性，加强慈善表彰奖励工作，推动形成覆盖全国、层级明确、各具特色的慈善表彰奖励体系。

孟志强表示：“目前全国近二十个省区市以当地政府名义开展过相关慈善奖励表彰活动，一般都是由民政部门具体组织，个别地方还与党委宣传部门联办，均取得了很好的效果。今年，在落实《国务院关于促进慈善事业健康发展的指导意见》过程中，目前已有十余个省份以政府名义制发了当地促进慈善事业的意见，均在其中设立或者说再次强调了当地的政府慈善表彰制度，比如‘首都慈善奖’‘江苏慈善奖’‘八闽慈善奖’等等。还有许多地市也建立了相应的表彰奖励制度。相信随着这些制度的不断完善，会激发社会各界更好地践行慈善、关爱他人。”

对于具体如何开展慈善表彰奖励活动，《指导意见》进行了明确规定。

慈善表彰奖励项目应统一为“慈善奖”，并冠以本省份或具有地方特色的名称。各省（自治区、直辖市）可根据表彰奖励对象的不同特点，在“慈善奖”下设若干奖项。当前和今后一个时期，要突出对扶贫济困类慈善行为的表彰，引导和鼓励社会力量以帮扶困难群体为重点开展慈善活动。

组织实施慈善评选表彰活动，应坚持公正评审、严格把关，特别要坚持过程公开、社会参与，要设立公众参与渠道，自觉接受群众监督，切实提高活动的参与度、透明度和公信力。

评选表彰活动可以由省级民政部门举办，也可以由民政部门会同其他相关部门联合举办。举办单位可以选择与公信力强、工作水平突出的社会组织以及富有广泛影响力的新闻媒体开展合作，通过政府购买服务的形式，交由相关社会组织承担具体事务性工作。

《指导意见》明确举办单位应采取适当形式对获奖单位和个人进行表彰。对受表彰的单位和个人，可颁发奖牌、奖状和证书。

有条件的省份应建立完善奖励政策，将获奖情况与政府购买慈善组织服务、企业履行社会责任评价、慈善组织等级评定、居民社会优待等挂钩。

还可以联合当地电视广播、主要报刊和大型网站，充分利用各种媒体特别是微信、微博等新媒体，以群众喜闻乐见的方式，重点报道获奖单位和个人的慈行善举。

完善奖励政策的同时，严肃评选纪律被提到了同样的高度。

开展慈善评选表彰活动，应严格遵守财经纪律和财务规定，举办单位不得以任何形式向参评单位和个人收取费用或者变相收费。

对违反评选纪律的参评单位和个人实行“黑名单”制度，一经核实，6 年内不得再行申报。获奖单位和个人出现严重违法违纪行为或造成不良社会影响的，要对其已获奖项予以撤销。

加强基金会专项基金管理

专项基金作为募款的重要力量在最近几年得到了迅速发展，与此同时也出现了许多问题，导致捐赠人等相关各方的不满，影响了捐赠事业的发展。2015 年，专项基金的监管被纳入民政部门的视野。

2015 年 9 月，据媒体报道，中华少年儿童慈善救助基金会下设救助脑瘫儿童的“星光专项基金”自成立以来，共募集 142 万元和价值 67 万元的物资，但通过其账目显示，有 86 万元被用于管理费、行政支出以及人员支出。同时，据基金发起方之一——北京武警总医院的统计，向该基金递交过申请材料而未得到救助款项的脑瘫患儿，至少还有 73 名。如此高额的行政支出引来众多争议，而早在 2014 年 2 月，中华少年儿童慈善救助基金会就已决定终止与这只基金的协议，主要理由是该基金资金告罄。

该事件暴露了我国目前对于公益基金会旗下基金的管理混乱现象，一时间引起对专项基金监管、资金审查以及行政管理费用界定等一系列问题的大讨论。民政部随即表示介入调查。我国目前《基金会管理条例》中规定：基金会工作人员工资福利和行政办公支出不得超过当年总支出的 10%，但对于民非、社团、专项基金并没有约束。

民政部分析称，专项基金出问题，根源在于基金会没有意识到自己在管理方面的主体地位，没有尽到管理职责。有的基金会把专项基金当作“挂靠”“合作”单位，还有的甚至将它们视为游离于基金会监管之外的“独立团队”；只负责收取管理费，不负责管理，出了事一问三不知，责任推得一干二净。

2015 年 12 月底，民政部发布《关于进一步加强基金会专项基金管理工作的通知》，要求进一步加强专项基金管理工作，规范专项基金有关行为，维护捐赠人、受助人和基金会的合法权益。

一是严把设立关口。基金会要根据自己的管理能力合理适度发展专项基金。基金会应当明确专项基金设立和终止的条件和决策程序，并严格执行。基金会应当与发起人以签订协议的方式明确专项基金的设立目的、财产使用方式、各方的权利责任、终止条件和剩余财产的处理等。

二是规范名称使用。基金会要监督专项基金使用带有基金会全称的规范名称。专项基金不得以独立组织的名义开展募捐、与其他组织和个人签订协议或开展其他活动；未经党政机关或者其他组织同意，不得以其名义对外宣传或开展业务活动。

三是全面加强管理。基金会应当建立健全专项基金管理制度，对专项基金的活动实施全过程监管，对专项基金的人员实施严格管理。基金会应当根据专项基金的设立目的，按照捐赠协议的约定管理和使用捐赠财产，专款专用。专项基金列支管理成本时，捐赠协议有约定的，按照其约定；捐赠协议未约定的，除了为实现专项基金公益目的确有必要之外，一般不超过该专项基金年度总支出的 10%。专项基金的收支应当全部纳入本基金会账户，不得使用其他单位、组织或个人账户，不得开设独立账户和刻制印章。专项基金不得再设立专项基金。

四是落实信息公开。基金会应当做好专项基金的信息公开，对专项基金的设立和终止信息、管理架构和人员信息、开展的募捐和公益资助项目等信息依照有关法律法规进行全面及时披露。基金会应当按照业务主管单位和登记管理机关的要求，通过年度工作报告和其他方式就专项基金的情况进行报告、接受监管。

五是定期清理整顿。基金会应当定期对下设专项基金进行清理整顿，对于长期不开展活动、管理不善的专项基金要及时督促整改，必要时应当予以终止。专项基金终止的，基金会应当做好后续事宜，妥善处理剩余财产，保护专项基金捐赠人和受助人的合法权益。

三

慈善法制体系建立健全

2015年，公益慈善领域在法律建设上进入了快车道，其中最受各界瞩目的莫过于酝酿数年的《中华人民共和国慈善法》终于在这一年的末尾进入了公开征求意见的阶段。而在细分公益领域，也有多部法律法规的出台和修订。

《中华人民共和国慈善法》的出台宣告中国公益正式进入法治时代，由此带来的影响首先涉及慈善捐赠的多个方面。当然，任何一部法律的权威在于它的具体实施情况，但公益行业的确需要这样一部法律来规制行业发展初期遇到的种种乱象和问题。

（一）《慈善法》十年磨一剑

经过10年的坎坷历程，慈善法再次加快了立法的脚步。2015年10月30日，《中华人民共和国慈善法（草案）》首次提请全国人大常委会审议。10月31日，慈善法（草案）在中国人大网公布，向社会公开征求意见，再度引发了社会对于这部法的热情关注。

近年来，尤其是2008年慈善元年以来，我国的慈善事业飞速发展，2015年社会捐赠数额逾千亿元，慈善社会组织数量高涨，互联网慈善等新型慈善方式日渐涌现。与此同时，慈善领域也出现了很多新情况新问题，郭美美事件、中华少年儿童慈善救助基金会小数点事件等给慈善事业发展蒙上阴影，广西事实孤儿杨六斤获捐500万元等引发了网络有关募捐的争议。面对这些新情况新问题，慈善法（草案）

在发展慈善事业、规范慈善行为、加强慈善监管等方面作出了明确规定。

采用“大慈善”概念

从慈善事业法到慈善法（草案），首要问题是明确“慈善”二字的概念，这也是长期以来社会各界争论的焦点和难点。

事实上，早在2005年民政部提出慈善立法建议，2008年年底便将慈善法相关草案提交至国务院法制办。当时的分歧之一就在于对慈善的定义没有取得共识，最终未能提交全国人大常委会审议。

此后，关于慈善定义的争论一直继续。2015年年底，由北京大学法学院非营利组织法研究中心和清华大学公共管理学院NGO研究所等6家机构提交的5部慈善法民间建议稿中，都对慈善范围作了较为宽泛的定义。

在此次慈善法立法过程中，全国人大俯下身子“吸纳”民间建议，最终采取了“大慈善”的概念。慈善法（草案）第三条明确规定，慈善活动是指自然人、法人或者其他组织以捐赠财产或者提供志愿服务等方式，自愿开展的下列非营利活动：扶贫济困、扶助老幼病残等困难群体；救助自然灾害等突发事件造成的损害；促进教育、科学、文化、卫生、体育等事业的发展；防治污染和其他公害，保护和改善环境；符合社会公共利益的其他活动。

褚蓥曾参与过慈善法（草案）的意见征集阶段。这位毕业于清华大学NGO研究所的博士认为，采用“大慈善”概念是此次慈善法草案的最大亮点。

“根据国务院2015年发布的《关于促进慈善事业健康发展的指导意见》，慈善事业是社会救助体系的有力补充。但在慈善法（草案）中，将慈善从小领域扩展到大领域，采用了‘大慈善’的概念。”褚蓥说，“这也意味着，慈善不再只是社会救助的补充，突破了救急救穷、恤孤助残的传统定义，将其提升到公共服务的层面。”

在北京师范大学中国公益研究院助理院长章高荣看来，此次慈善法（草案）里的慈善概念大为拓展，已经向现代慈善转变，是广义上的公共利益。褚蓥认为，这次慈善法草案是慈善领域一场系统性思路的改变，任务在于拓清慈善事业未来20年发展的方向。

然而，浙江财经大学法学院副院长李政辉却认为，采用“大慈善”概念虽然有利于发展慈善事业，但在具体执行时可能产生一些问题。例如，很多慈善类社会组织可以有税收优惠，“大慈善”概念下如何确定税收优惠的范围和程度？

逐步放开公募权

把手中的善款捐给哪家慈善社会组织，公众心里自有一杆秤。谁有资格开展募捐活动，同样是社会公众关注的焦点和争议的话题。

根据慈善法（草案）规定，慈善组织自登记之日起可以向特定对象进行非公开募捐。依法登记满两年、内部治理结构健全、运作规范的慈善组织，可以向原登记的民政部门申请公开募捐资格证书。

在慈善法（草案）意见征求阶段，北京师范大学慈善法律研究中心副主任黎颖露认为，慈善法（草案）中对募捐主体资格及其行为规范进行系统规定，填补了过去中央层面只有捐赠法、没有统一的募捐法的空白。

“草案解决的最为关键性的问题，就是放开了公募权，只要符合相应条件就能取得公募资格。慈善领域更多地引入了公平竞争，让行业发展能够实现优胜劣汰。”章高荣说，“两年内运行得规范、没有问题，才能给这个资格。国际上一般来讲，只要成为一个慈善机构以后，就应该有这个资格。国内很多慈善组织本来设定的目的是公众募款或动员，如果一开始没有公募资格，相当于这两年内不能开展业务，所以这个两年的规定好像不那么合理。”

清华大学公共管理学院创新与社会责任研究中心主任邓国胜认为，公募是公共问题，政府需要对此进行规范。如果每个组织或个人都可以不受约束地开展公募，那么不仅政府监管比较困难，募捐市场也容易出现混乱，而且还会干扰到人们的正常生活。

“对放开募捐资格，两年的考察时限可能稍短了一些，难以检测开展公募的慈善公益组织的生存发展能力。以上海真爱梦想公益基金会为例，每届理事会的任期是5年，用5年时间检验一家慈善公益组织能否存活下来相对来说是较合理的。如果按照草案两年的规定，无法确保该机构是否能够健康地存活就允许其公募，未免稍欠谨慎。”上海交通大学第三部门研究中心主任徐家良这样说。

中国社科院社会政策研究中心副主任、研究员杨团认为，放开公募权，对广大社会组织而言是一种公平上的努力。然而，各个募捐主体之间存在竞争和矛盾，在大灾筹款时矛盾更加凸显。在灾难等突发事件面前，如何提高多头筹款现状下的募捐效率，这个问题需要统筹解决。

个人不可在网络上公开募捐

在慈善法（草案）征求意见过程中，关于“不具有公开募捐资格的组织或个人，不得采取公开募捐方式开展公开募捐”的规定，引起了较大的社会争议。

褚蓥告诉记者，以微博、微信求助为例，是否募捐的边界其实也可以划清。微博肯定属于公众募捐，因为微博面向公众，谁都可以看得到。微信的情况不同，如果是微公益，发微信给某个或多个朋友，这只是点对点的求助，不属于公众募捐。但如果朋友圈大量转发，自然就是公众募捐了。

“问题的关键在于慈善募捐的法律界定是什么。从法理和国际经验来看，慈善募捐自然是为了不特定人利益开展的募捐，排除个人自救。而公募资格方面出于专业能力和风险承受能力的考量，将个人和其他组织排除，意在尽可能控制诈捐等乱象。”黎颖露说。

褚蓥坚持认为，目前我国正在向现代慈善转型，如果保留个人募捐的形式，实际上是向组织化、专业化转型的阻力。从政府层面讲，慈善法要为未来20年的慈善事业发展来拓清方向，禁止个人募捐正当时。如果个人无法获得足够的支持，可以向基金会求助，或通过基金会的项目运行。

为尽可能多地回应社会的需求，慈善法（草案）中纳入了许多新内容，也提出了更多新要求，并首次提出了设立中华慈善日。有专家指出，公众的期待可能会远远超过慈善法本身所能解决的问题。草案的征求意见正在进行中，而来自于学界、社会组织等各方的意见和建议讨论也在如火如荼地进行着，为共同出台一部完善的慈善法而努力。

（二）慈善立法意义所在

《中华人民共和国慈善法》的推出将是我国慈善事业立法甚至是社会领域立法的一个里程碑，从此，我们将开启依法治善的时代。更重要的是，围绕慈善法的讨论，也打开了依法规范善行的大门和公共学习的进程。

广泛参与的第一部慈善基础法律

在2016年3月举行的十二届全国人大四次会议首场新闻发布会上，大会发言人傅莹就表示，慈善法分量是很重的，不能低估这部法律的重要性。这是我国慈善事业发展的第一部基础性和综合性的法律。“中国人有扶贫济困的传统，尤其是这些年中国社会财富增加比较快，有很多个人和企业愿意把自己财富的一部分拿出来，去帮助那些更困难的、更有需要的人，慈善事业发展很快。党和政府在这方面也给予了很多支持和扶持，法律法规在逐步完善。”

“在监管方面还面临一些困难，存在一些不足，所以需要有这么一部法律，构建一个更加规范的环境，让捐赠者能够得到更好的保障，能够得到尊重，让求助的人能够有章可循，尤其是让欺诈行为受到惩处，能够让社会主义核心价值观得到更好的弘扬。”傅莹说，对这部法律的审议和实施过程非常重要，希望代表们认真审议，通过审议过程尤其是通过这部法律的实施，更好地提高全社会的慈善意识，让更多的人参与其中。

在此之前，我国社会领域立法滞后，许多社会领域缺乏基本法律，已经严重阻碍社会建设的开展。我国的慈善立法，在此之前主要为“一宪法、二法律、三法规、多规章”的立法格局。一是一部《中华人民共和国宪法》；二是两部法律即《中华人民共和国公益事业捐赠法》和《中华人民共和国红十字会法》；三是三部行政法规即《社会团体登记管理条例》（1998 年）、《民办非企业单位登记管理暂行条例》（1998 年）和《基金会管理条例》（2004 年）；多是指数量众多的部门规章和地方性法规。而后面三个条例均是国务院制定的行政法规，从层级上看都在法律之下，从效力上看也低于法律。

缺乏基本大法，如同在不划边界的球场开展比赛，完全依赖社会自觉，很难谈及健康的公共管理和公共道德规范。而公共道德规范的缺失，既让行政管理失序，也使社会大众迷惑，造成极高的社会成本。仅以儿童福利领域为例，近年那么多悲剧接二连三地发生而得不到体制性解决，就是与缺乏儿童福利法有着直接关系。慈善领域也不例外，这些年之所以争议不断，即与基本法的缺位有关。慈善法（草案）的公布，是弥补慈善领域基本法空白的一大进步。

讨论慈善立法，人们往往认为此法已经讨论 10 年，如今终于进入立法议程，是不是过程太慢了？北京师范大学中国公益研究院院长王振耀表示，其实，从2005年开始讨论制定慈善法之后的8年，立法的起草工作主要是在行政系统内进行的。“但慈善立法，牵涉到各个方面，无论哪个行政部门起草，都会有不同部门的不同意见。在各个部门必须达到基本一致的前提下，才能推进到立法的行政体制中，社会性的立法确实很难有突破性的进展。”

王振耀介绍说：“而从2014年全国人大内务司法委员会主持慈善法的起草工作以后，仅用一年多的时间，立法的进度即取得如此大的进展。这既与立法起草团队的努力密不可分，也与体制性的保障有着重要关系。因为全国人大常委会不站在任何一个行政部门的立场，其工作的原则是少数服从多数而不是全体一致。法律起草组在充分听取社会各界与有关部门意见的基础上，可以依据多数意见，提交人大常委会讨论并且再公开向社会征求意见，然后再进入审议并根据多数委员意见投票决定。由此看来，凡是牵涉而较为广泛的社会立法，只要具备了一定条件，应当尽可能由全国人大来主持立法，以便达成社会共识，促成社会立法的较快进步。”

慈善法的起草过程，是社会立法系统中开门立法的一个典范。这次慈善立法的参与度是相当广泛的。“起草组参与的各种形式的立法讨论即达几十场次，几乎是每周都要参与讨论会听取意见。而参与讨论会的人员包括有关政府部门、各类学者、中外专家、各种类型的社会组织、慈善家等。仅仅是专家们起草的立法建议稿及修改建议稿，就有多部。慈善理论界所组织的各类专题讨论组，更是推进了许多问题的深度论证与国际经验的比较分析。”王振耀举例解释说，“以法律名称为例，一开始原定为慈善事业促进法，而经过反复讨论，最后起草组听取了大家的意见，将名称就定为慈善法以加强该法的规范性。”

明确了慈善组织登记的形式

慈善组织的设立是慈善组织治理的首要环节，也是慈善组织立法需要解决的首要问题。目前我国对于包括慈善组织在内的社会组织管理的主要依据是“三大条例”，它们对社会组织的设立实行“双重许可”制，即社会组织的设立既要取得业务主管机关的许可，又要到民政部门去审批和登记，否则无法获得法人资格。在双重许可制度下，一些从事慈善活动的社会组织无法或不愿到民政部门登记，转而到工商部门或其他部门登记或者干脆游离于登记管理制度之外。这种管理模式，影响了慈善组织本应具有的独立性和自治性，扼杀了部分从事公益慈善人士的爱心，成为慈善事业发展的瓶颈。

慈善法（草案）第十一条规定：“慈善组织可以采取基金会、社会团体、社会服务机构等社会组织形式。”这种规定考虑到了与“三大条例”的衔接，但不简单照搬“三大条例”关于社团法人、基金会和民办非企业单位等社会组织形态的规定，而是保留基金会、社会团体作为慈善组织的法定形态，以“社会服务机构”取代了“民办非企业单位”。因为，源于《民办非企业单位登记管理条例》的“民办非企业单位”是一个以否定方式进行定义的内涵混乱、外延模糊的概念。实践中的民办非企业单位有公益性和准公益性两种类型，其中准公益性的民办非企业单位要求对所提供的服务取得合理回报，但是由于回报程度的合理性不易明确界定，并且必然会随着时间推移发生变动，在利益冲突之下，准公益性民办非企业单位有可能转变为牟利的手段和工具，往往以公益自居却不接受慈善组织利润分配限制的约束，给慈善事业的发展和慈善公信带来诸多负面的影响。因此，慈善法（草案）没有继续使用“民办非企业单位”的概念，而是以“社会服务机构”代之，这是慈善立法的重大创新。

为募捐的公平竞争扫清了法律障碍

募捐款物是慈善组织持续运营和健康发展的物质保障，也是慈善组织与捐赠者、潜在捐赠者交流的平台。慈善募捐不同于慈善捐赠：

在捐赠关系中当事人意思自治原则有较强体现，私法色彩较浓；募捐是一种面向社会公众的行为，有可能影响到社会公共秩序和公共利益，具有较强的公法色彩，需要法律更多的规制。

目前，我国关于慈善组织的公募资格实行严格的管理制度，只有公募基金会、红十字会、慈善会和少数社会团体可以直接向社会公众开展募捐活动，其他慈善组织要开展慈善募捐的则需要许可，或者与具有募捐资格的社会团体、组织展开联合募捐。实践中，一些没有公募权的慈善组织也在开展募捐。关于慈善组织募捐权利的取得，有许可模式和备案模式。在许可模式下，慈善组织获得公募资格必须经过监管部门许可，否则公募不具备合法性；而在备案模式下，经过注册登记的慈善组织自然具有公募权利，无须许可，至多募捐活动实施前进行备案。

许可制虽然有利于维护慈善募捐的秩序，但限制了慈善组织的权利，增加了其负担，不利于慈善事业的发展。慈善法（草案）第二十六条规定："慈善组织自登记之日起可以向特定对象进行非公开募捐。依法登记满两年、运作规范的慈善组织，可以向原登记的民政部门申请公开募捐资格证书。民政部门经审查，没有发现其受到本法规定行政处罚的，应当发给公开募捐资格证书。"依据该法条，各类慈善组织，无论是否有非官方背景，只要符合依法登记满两年、运作规范条件的，就可以向原登记的民政部门申请公开募捐资格证书，民政部门经审查，没有发现其受到行政处罚的，应当发给公开募捐资格证书。该项规定被认为是放开了慈善组织公开募捐的资格，打破了公募慈善组织和非公募慈善组织的界限，有利于慈善组织的公平竞争。这是慈善组织募捐资格方面的制度创新，至于公募权资格获得的条件"必须是依法登记满两年"，是为了规范慈善募捐秩序，增强慈善组织的公信力。

把慈善信托纳入慈善法调整

慈善信托与法人型慈善组织相比，具有设立简便、灵活，运行管理效率较高，无起始资金限制等特点，其在设立审批，财产独立、专业运作等方面具有独特优势。慈善信托是慈善事业的一种运作模式，是发展慈善事业的另一路径。《中华人民共和国信托法》虽有公益信托的规定，但公益信托（慈善信托）对于主要调整商事信托的信托法来说是个例外规定，而对于慈善法来说却是必要的内容，缺少慈善信托制度的慈善法是不完整的，不符合慈善法的基本法和综合法的立法定位。此外，信托法的既有规定并不会成为慈善法规范慈善信托的障碍，立法处理好两者的适用关系即可。慈善法（草案）关于慈善信托共有 11 个条款，对慈善信托的界定、慈善信托的设立、慈善信托的受托人及义务、信托监察人、慈善信托的终止等进行了规定，涵盖慈善信托制度的主要方面。慈善法中专章规定慈善信托，有利于激活慈善信托制度，促进我国慈善事业发展，特别是有利于打开金融服务于慈善的通道，从而使慈善事业能够运用金融杠杆以增强可持续发展的能力。

体现慈善立法制度创新和制度自信

慈善服务，是指慈善组织以及其他组织或者个人基于慈善目的，向他人或者社会提供的非营利服务。慈善并不只是捐赠，更重要的是要向社会特别是受益人提供慈善服务。慈善服务是慈善活动的最终目的，也是慈善事业运行的最后环节和慈善组织履行社会分工职能的具体实现形式。慈善服务包括了基于慈善目的的志愿服务，但又不能等同于志愿服务。关于慈善服务是否要作为慈善法中的专章进行规定，起草成果中有很大的争议：有人主张以志愿服务取代慈善服务；有人认为国外的慈善法几乎没有专门规定慈善服务的，我国的慈善法也没有必要规定慈善服务；还有人认为慈善服务没有必要专门规定，其相关内容放到慈善财产的使用和管理部分规定即可。鉴于慈善服务对于慈善事业发展的重要性以及慈善服务虽然可以包含并充分利用志愿服务，但是志愿服务不等于慈善服务，不能用志愿服务取代慈善服务等考量，慈善法（草案）在第六章专门规定了慈善服务，对慈善服务的含义、提供方式、慈善服务的原则、慈善服务项目、慈善服务标准、慈善服务志愿者等进行了规定。这些规定，对实践中要求强化慈善服务的社会需求进行了立法回应，为未来大量的向受益人提供服务的服务型慈善形态的发展提供了指引，从制度层面为慈善法成为规范慈善领域各方面重要事项的基本法定位提供了保障，体现了我国慈善立法的制度创新和制度自信。

为慈善信息公开确立了基本规则

公开透明机制是慈善事业取信于社会的重要保证，同时也是保障捐赠者的对自己善款所拥有知情权和监督权的需要。慈善事业比较规范的国家都有完善的慈善信息公开制度。近年来，我国慈善领域在快速发展的同时，也出现了一些乱象，如网络募捐中的欺诈个案层出不穷，有的慈善组织违规操作、信息不透明，有的借慈善之名行诈骗之实，还有的慈善组织成了个人牟利的途径，这些现象严重地损害了整个慈善事业的形象与公信力；同时，也由于缺乏信息公开制度，公众不知道如何准确、理性地评估慈善组织。慈善信息公开是维护慈善公信力的必要条件，是规范慈善行为的重要举措，也是公众关切的焦点。慈善法（草案）采用专章规定慈善信息公开，从立法上强化信息公开制度。慈善法（草案）区分不同主体、不同环节对信息公开作了规定，并规定了相应的法律责任：（1）第七十二条规定，慈善信息公开应当真实、完整、及时，不得有虚假记载和误导性陈述；（2）第七十三条规定，国务院民政部门应当建立统一的慈善信息系统，县级以上人民政府民政部门应当建立或者指定慈善信息平台；（3）第七十四、第七十五条分别规定了主管部门以及慈善组织向社会公开信息的具体内容；（4）第七十六条区分募捐的不同情况，明确规定信息公开的对象、内容及其程序。慈善法（草案）专章规定信息公开制度，为慈善组织信息公开提供了一个基本的规则，是慈善立法的一大亮点。

慈善监管理念和制度的重大变化

慈善事业利用的是社会资源并依法享受国家的税收优惠等促进政策，必须建立完整健全的监管体系，维护慈善秩序，惩治违法违规者，构筑一些个人和组织利用慈善牟取私利的防火墙。慈善监管体系由行政监管、行业监督和社会监督等几个层面构成，具有国家权力、社会权力和公民权利相结合，外部监督和内部监督相衔接的多管齐下的特点。草案对慈善监管作专章规定：草案第九十七条至一百零一条规定了政府监管职责、监管措施以及监管程序，第一百零二条规定了行业监督，第一百零三条规定了社会监督。关于慈善监管制度的最大突破是改现行的年检制度为年度报告。目前，民政部门对社会组织的管理采取的是年检制度，这项制度会增加守法者的运行成本，却无法保证让违法者得到惩治，已经不能适应国家治理现代化的发展趋势，不符合简政放权、放管结合的行政管理体制改革的要求。草案未规定年检制度，而是规定了年度报告制度，实际上是将现行的年检制度改为年度报告制度。值得注意的是，慈善年检制度的改革并不代表对慈善组织和慈善活动监管的放松，而是慈善监管理念和方式发生了变化。慈善法（草案）构建了行政监管、行业监督、社会监督相结合的立体化的监管体系，强化了对慈善组织与慈善活动的全过程的监督和全方位监管，体现了未来慈善事业监管的合理取向。

为未登记的社会组织开展慈善活动提供法律空间

我国现行的制度只允许设立法人型慈善组织，不承认非法人型慈善组织的合法性，从事慈善活动的社会组织法律形态单一，大量的民间从事慈善活动的非法人型社会组织被排斥在慈善组织之外，或挂靠在某法人型组织之下或变相地以“企业法人”的身份注册。这既不利于促进慈善事业的发展，也有悖于慈善组织法律形态的国际惯例。国外慈善法普遍承认非法人慈善组织的合法性，非法人型慈善组织和法人型慈善组织共同构成慈善组织，在慈善事业的发展中发挥着重要的作用。慈善法（草案）第一百一十四条规定：“以开展慈善活动为宗旨的非营利组织即使没有登记，也可以开展力所能及的慈善活动，但应当遵守本法相关规定，并依法享受相关权益。”这个规定，从法律上承认了没有登记的非营利组织从事慈善活动的合法性，为不具备法人资格的“草根慈善组织”的生存发展提供了法律空间，有利于充分调动社会各方面力量开展慈善活动，激活社会的活力，体现了慈善立法的包容性和促进慈善事业发展的立法宗旨。

（三）史上最严环保法出台

1989 年实施的《中华人民共和国环境保护法》掐指一算已经走过了 25 个年头。此期间，随着经济的不断发展、社会的不断进步，我国已经发生了翻天覆地的变化。我们赖以生存的环境需要每个人的悉心呵护，才能有蓝天碧水，才能呼吸优良的空气。因此，保护环境越来越重要。

2015 年 1 月 1 日开始施行的修订后的新环保法被誉为“史上最严”环保法，除了进一步明确了政府环境保护监督管理职责外，还加大了强化企业污染防治责任、加大环境违法处罚力度、为公众参与环境保护提供更加便捷的法治渠道等方面的立法力度，对新形势下环境保护工作的开展，具有重要意义。

企业是市场经济参与主体，也是影响环境的主体。新环保法向长期以来“违法成本低，守法成本高”的问题亮剑，实施“污染按日计罚”“责任人与企业面临双罚”和“处罚不设上限”的处罚措施。同时，还增强了环保部门法律权力，环保部门可以查封、扣押造成污染的设备、设施，协同公安部门拘留违法人员。新环保法长出能制裁违法行为的“利齿”，今后企业在生产经营过程中，不依法保护环境，不仅要付出巨大的经济代价，还将受到法律制裁。新环保法弥补了原环保法的一些不足，对环境保护有了更明确的规定。

建立公共检测预警机制

谈到环境保护，公众最为关心的就是对雾霾的治理。新环保法对雾霾等大气污染，作出了更多有针对性的规定。如有：国家建立跨行政区域的重点区域、流域环境污染和生态破坏联合防治协调机制；国家促进清洁生产和资源循环利用等；建立健全环境与健康监测、调查和风险评估制度；鼓励和组织开展环境质量对公众健康影响的研究，采取措施预防和控制与环境污染有关的疾病。

首次将生态保护红线写入法律

作为保护我国生态资源的重要方式，生态保护红线这一概念自提出后，就受到社会各界的广泛关注。环保部曾印发《国家生态保护红线——生态功能基线划定技术指南（试行）》，成为我国首个生态保护红线划定的纲领性技术指导文件。根据规划，2014 年，环保部将完成全国生态保护红线划定任务。而新环保法首次将生态保护红线写入法律。

新环保法规定，国家在重点生态保护区、生态环境敏感区和脆弱区等区域，划定生态保护红线，实行严格保护。红线范围包括具有代表性的各种类型的自然生态系统区域，珍稀、濒危的野生动植物自然分布区域，重要的水源涵养区域等。新环保法还规定建立环境资源承载能力监测预警机制。

环境公益诉讼主体扩大

新环保法扩大了环境公益诉讼的主体，凡依法在设区的市级以上人民政府民政部门登记的，专门从事环境保护公益活动连续5年以上且信誉良好的社会组织，都能向人民法院提起诉讼。增强公众保护环境的意识，树立环境保护的公众参与理念，及时发现和制止环境违法行为，具有十分重要的意义和作用。新环保法确立了多重的监督机制，明确了政府的保护监督管理职责，还规定通过社会监督，包括公众参与、公益诉讼、民主监督等方式，集全社会之力，共同保护环境。新环保法对于保护和改善环境，防治污染，保障人体健康，推进生态文明建设，促进经济社会可持续发展具有重要意义。

按日计罚无上限

多年来，国家环境立法不少，但由于违法成本低，对违规企业的经济处罚并未取得应有的震慑效果。新环保法授权环保部门对造成环境严重污染的设施设备可以查封扣押，对超标超总重量的排污单位可以责令限产、停产整治。针对环境违法成本低的问题，新环保法在法律责任部分设计了按日连续计罚、上不封顶。“按日计罚”目的就是加大违法成本，在中国现行行政法规体系里，这是一个创新性的行政处罚规则。此外，还有行政代执行，对拒不治污的排污企业，引入第三方治理，费用由排污企业承担。对环境违法企业，采取综合性调控手段等针对未批先建又拒不改正、通过暗管排污逃避监管等违法企业责任人，引入治安拘留处罚；构成犯罪的，依法追究刑事责任。

明确政府管理

新环保法，进一步明确了政府对环境保护的监督管理职责。规定县级以上人民政府环境保护主管部门及其委托的环境监察机构和其他负有环境保护监督管理职责的部门，有权对排放污染物的企业事业单位和其他生产经营者进行现场检查。对于履职缺位和不到位的官员，新环保法规定了处罚措施。领导干部有虚报、谎报、瞒报污染情况，将会引咎辞职。出现环境违法事件，造成严重后果的，地方政府分管领导、环保部门等监管部门主要负责人，要承担相应的刑事责任。

（四）首部反家暴法亮相

2015 年 12 月 27 日，十二届全国人大常委会第十八次会议表决通过了《中华人民共和国反家庭暴力法》，该法将于 2016 年 3 月 1 日起施行。

“家庭成员之间以殴打、捆绑、残害、限制人身自由以及经常性谩骂、恐吓等方式实施的身体、精神等侵害行为”，均属家庭暴力。

作为中国第一部反家暴法，该法分为 6 章，对家庭暴力的范畴、预防、处置、人身安全保护令和法律责任作出规定。

对遭受家庭暴力的未成年人、老年人、残疾人、孕期和哺乳期妇女以及重病患者，法律则要求给予特殊保护。

反家庭暴力法中关于人身安全保护令的法律实施制度尤为惹人关注。如规定因遭受家庭暴力或面对家庭暴力的实现危险时，当事人及其相关人员可向人民法院申请安全保护令，以保护当事人的身体、精神等不遭到更深程度上的伤害。

从此，“清官难断家务事”不再是对家暴行为推脱的借口。反家庭暴力法明确了相关部门的保护责任及不作为法律后果，首次建立的人身安全保护令制度，为妇女儿童建立了一道安全隔离墙。

行业热点事件

1. 各方热议慈善法草案

2015 年 10 月 30 日，《中华人民共和国慈善法（草案）》首次提请全国人大常委会审议。从 2005 年民政部提出立法建议至今，我国首部慈善领域的专门法律“怀胎十年”，终于提交审议。

近年来，我国慈善事业飞速发展，慈善组织大量涌现，互联网慈善方兴未艾。但“郭美美事件”“小数点事件”、明星诈捐等慈善丑闻也让慈善公信力极大透支。与快速发展的现实相比，我国慈善制度法规环境明显滞后。首部慈善法（草案）有六大焦点引发关注。

焦点一：谁有资格开展募捐?

谁有资格募捐，是每次大灾大难来临时人们广泛争论的话题。目前，我国除试点地区，只有少数慈善组织有面向社会公众公开募捐的权力，其余组织只能面向特定对象非公开募捐。而实际上，不具备公募资质的慈善组织或媒体面向社会发起募捐的案例屡见不鲜。

草案规定，慈善组织自登记之日起可以向特定对象进行非公开募捐。依法登记满两年、运作规范的慈善组织，可以向原登记的民政部门申请公开募捐资格证书。

北京大学法学院非营利组织法研究中心主任金锦萍认为，慈善组织从原先登记时的身份识别，变为运行到一定年限、符合一定条件可以获得公募资格，这意味着慈善资源将通过良性竞争进行更为合理的配置，更多慈善组织公平参与，捐赠者就有多元选择，就会形成“良币驱逐劣币”效应。

“公募权只掌握在少数组织手里，相当于一种近乎垄断的权力。其他组织想公募就要到他们下面去挂靠基金、交管理费，很不公平。”

中国灵山公益慈善促进会副秘书长杨团表示，草案对公募权基本放开可说是顺应时代的明智之举。

焦点二：个人可以在网上发起募捐吗？

现实中，有不少个人在网上发起募捐活动，一般都是在比较困难的时候，例如亲友罹患疾病或者家庭遭受灾害，也会有许多好心人解囊相助。

草案规定：不具有公开募捐资格的组织或者个人，不得采取公开募捐方式开展公开募捐。

金锦萍认为，根据现有草案，个人在网络上直接开展募捐活动是不允许的。“这主要是考虑到自然人开展网络募捐问题所在，比如信息真伪难以辨别，比如资金性质的界定，善款到了个人账号后是属于私有财产吗？这会涉及剩余财产归属等问题。”

金锦萍介绍，目前已经出现了由于个人网络募捐而导致的捐赠人和受赠人之间的纠纷案例。但是，她同时表示，还是要对个人在网络上的求助行为与个人网络募捐加以区别，每一个人当然应该享有通过网络求助的权利。

焦点三：微博微信募捐是否合法？

“互联网＋”慈善近年来迅猛发展，微博、微信等新媒体成为慈善募捐的重要渠道。如在2014年8月，从美国传入的“冰桶挑战”通过微博、微信快速传播，短短一周累计阅读超过44.4亿人次，筹款达800多万元。

互联网带来方便快捷的同时，也带来监管困难。对此，草案规定，具有公募资格的慈善组织可以开展互联网募捐，其他组织和个人则只能与公募组织合作开展。

壹基金秘书长李劲认为，实际上公募和非公募的界定操作起来是有难度的。“从技术角度看，微博和微信不同，微信朋友圈面向的是特定人群，微博则是开放式的，因此，微博募捐是公开募捐，微信则是非公开。”

腾讯公益慈善基金会执行秘书长窦瑞刚建议，当前全球“互联网+”慈善都仍处在发展早期，可供借鉴的经验不多。慈善法在立法时应给互联网募捐留下更多发展空间，不宜规定过细，否则很可能面对法律无法适应现实发展的困境。

焦点四：网络募捐“分级制”是否合理？

对于互联网募捐，草案中还有一款规定，引起专家和慈善从业者的热议。

“在省级以上民政部门登记的慈善组织可以通过其网站或者其他网站开展募捐。在设区的市和县级民政部门登记的慈善组织，可以在其登记的民政部门建立或者指定的慈善信息平台开展互联网募捐。”

对此，广州市慈善会秘书长汪中芳认为，以注册地的行政级别来限定慈善组织开展互联网募捐，是一种带有明显“计划”思维的做法。他告诉记者，当前大量的市级、区级慈善会都已经在自己的网站上有了募捐功能，如果慈善法（草案）这条获得通过，会有大量的组织受到影响。

北京师范大学法学院教授刘培峰认为，鼓励社区和基层慈善是国家倡导的发展方向，当前应该让慈善资源能够沉下去，贴近基层、服务社区。这样规定，会加剧慈善资源上下和地区之间的不平衡。

但金锦萍也表示，对于当前众多网络募捐平台的法律地位，以及它们的义务和责任，目前在草案中没有具体规定，这也是草案需要进一步完善的地方。

焦点五：骗捐诈捐如何预防？

2015年9月，安徽利辛县一女子被狗咬成重伤，其男友编造她“为救人被狗咬”的谎言，经多家媒体报道，在网上募捐到了80多万元。事件再次引发人们对骗捐、诈捐等“以慈善之名行欺诈之实”行为的高度关注。

草案中，除明确此类行为构成犯罪的将被依法追究刑事责任外，还规定广电媒体、网络及电信运营商对利用其平台进行募捐的相关事项有验证义务。

李劲认为，公众的善心需要鼓励，如果有人利用制度漏洞进行欺诈，对我国公益文化和慈善文化的形成将是很大打击。

对于个别网络骗捐现象，他表示，如果触犯法律自然由法律来解决，但是政府很难对所有个案进行预防。“政府所要做的是，建立一个好的制度，让这种行为很难出现。”

焦点六：慈善组织信息要完全公开？

近年来，公众对于“慈善组织信息公开”的呼声越来越高，不少公众认为，慈善组织所有财务数据都应该完全透明，随时向社会公众放开查询。

草案就“信息公开”专设一章进行明确规定，涉及信息公开的平台、内容、时限等方面。

李劲认为，从权责对等的法理角度，公众对慈善组织的信息具有知情权。公开年度报告是慈善组织的基本责任，也是底线。至于公开到什么程度，是争论的焦点。

对此，刘培峰持相对保留态度。他认为，慈善组织是否公开信息，既要受法律约束、合同约束，也要受到捐赠人的约束，必须尊重捐款人和受助者的意愿。“除了主动定期披露信息之外，如果每一个公众或者捐几块钱就要查询慈善组织的全部财务数据，还有运行成本的问题。”

金锦萍也表示，慈善组织的信息公开事实上是有一定限度的。“比如不见得要把所有财务的原始单据都公开，但是要公开财务年报和审计报告等等，其实也是对慈善组织专业性的认可。”

2. 新环保法后首例环境公益诉讼案民间组织胜诉

历时 10 个月，由民间环保组织“自然之友”和“福建绿家园”

提起的国内首起环境公益诉讼案件10月29日上午9时宣判，原告“自然之友”和“福建绿家园”胜诉。

这是2015年1月1日，新环保法实施后，国内判决的第一例生态破坏类环境公益诉讼案件。

新环保法第五十八条首次将“破坏生态”的行为纳入环境公益诉讼的范围。

2008年7月底，谢某、倪某、郑某、李某4人在未依法取得占用林地许可证及办理采矿权手续的情况下，在福建省南平市延平区葫芦山开采石料，并将剥土和废石倾倒至山下，直至2010年年初停止开采，造成原有植被严重毁坏。在国土资源部门数次责令停止采矿的情况下，2011年6月份，被告还雇用挖掘机到该矿山边坡处开路并扩大矿山塘口面积，造成植被严重毁坏。2014年7月28日，福建省南平市延平区法院以非法占用农用地罪对4被告判处徒刑。

2015年1月1日，新修订的环境保护法正式生效实施当天，民间环保组织自然之友和福建绿家园作为共同原告向福建省南平市中级人民法院提起的环境公益诉讼，并得以立案。福建省南平市人民检察院以及中国政法大学环境资源法研究和服务中心作为该案的支持起诉单位。

民间环保组织“自然之友”和“福建绿家园”认为，该案是一起破坏生态的环境民事公益诉讼案，4名被告违法开矿，严重破坏周围的林地，被破坏的林地不仅本身完全丧失了生态功能，而且影响到了周围生态环境功能及整体性，尤其是山顶被破坏的林地，将会严重影响和改变周边及山下动植物的生存环境，导致生态功能脆弱或丧失。

福建省南平市中级人民法院判令4名被告5个月内清除矿山工棚、机械设备、石料和弃石，恢复被破坏的28.33亩林地功能，在该林地上补种林木并抚育管护3年，如不能在指定期限内恢复林地植被，则共同赔偿生态环境修复费用110.19万元；共同赔偿生态环境受到损害至恢复原状期间服务功能损失127万元，用于原地生态修复或异地公共生态修复；共同支付原告自然之友、福建绿家园支出的评估费、律师费、为诉讼支出的其他合理费用16.5万余元。

葛枫是“自然之友”法律与政策部门总监，同时也是该案原告“自然之友”代理人。在她看来，法院免除民间组织诉讼费用，表明环境公益诉讼正在引起公众关注，该案胜诉也更多表明公众环保意识正在逐步崛起。

从2005年开始倡议建立环境公益诉讼制度以来，到2011年自然之友提起环境公益诉讼“破冰第一案”仍在审理中的云南铬渣案，再到2014年，历经四次修订实施的新环保法正式打开中国环境公益诉讼的大门，作为符合环境公益诉讼主体资格社会组织达到700多家，这些组织在新环保法实施后继续推动以法律手段保护环境。

而与2015年新环保法实施之前相比，提起公益诉讼令公益组织最为头疼的主体资格问题，如今已经不再迫切，但随之而来的取证问题，倒成了公益组织新的“拦路虎”。

“土壤污染、水污染取证相对容易，大气污染是取证中最难的，这迫切需要环保公益组织在取证能力建设上加强。”葛枫补充道。

从2015年1月1日新环保法实施以来，截至2015年10月，“自然之友”提起的环境公益诉讼已获得立案6起，其他5起案件仍在审理中。

四

多元创新下的基金会工作

2015年，基金会行业保持着较为良好的势态。公募基金会的筹资情况及非公募基金会的支出情况都基本完成了所制定的年度目标。尤其是公募基金会的筹资成绩普遍较好，由此说明了公募基金会的筹资能力、品牌建设、公众知晓方面都处在了领跑位置。

2015年，公募基金会在支出方面除了运作自己的品牌项目外，也在不断拓展向国外提供服务。4月25日，尼泊尔发生里氏8.1级地震，壹基金、爱德基金会及中国扶贫基金会、中国社会福利基金会等第一时间赶往灾区开展救援工作，并进行捐款捐物。尼泊尔政府和人民对中国的此次国际救援中所表现出的无私援助给予了高度评价。这次国际联合救援也是对中国社会组织灾害应对能力的一次考验，是中国社会组织国际化进程的一个重要转折点。

由此，基金会海外工作渐入佳境，扶贫基金会、爱德基金会等公益组织陆续在海外设立办公室，7月27日，中国扶贫基金会首家海外办公室在缅甸正式成立；8月13日，中国扶贫基金会尼泊尔注册办公室签约仪式在加德满都举行，这是中国扶贫基金会继成立缅甸办公室之后的又一海外设点。7月，为了促进中国与非洲的友好往来和资源分享、促进非洲的社会发展，爱德基金会在埃塞俄比亚首都亚的斯亚贝巴正式成立了非洲办公室，这也是中国第一家公益机构在非洲正式设立办公室。

中国扶贫基金会、爱德基金会等中国民间公益组织不断在海外设点，标志着这种国际化探索进入了一个全新阶段。

5月29日，民政部和国务院国资委联合出台《关于支持中央企业积极投身公益慈善事业的意见》，明确指出支持中央企业积极投身公益慈善事业。8月3日，中国互联网发展基金会在北京成立，这个基金会是中国乃至全球范围内第一家互联网领域公募基金会。

为了融合海外经验和中国实际，探索适合中国公益事业的方法、道路和体系，4月10日，“桃花源生态保护基金会”在浙江宁波成立，由马云、马化腾出任该公益机构董事会联席主席，将关注国内外生态环境保护事业，并将积累的经验分享给全球从事自然保护的机构，让更多的人参与到生态保护当中来。

《基金会管理条例》规定，非公募基金会每年用于从事章程规定的公益事业支出，不得低于上一年基金余额的8%，而工作人员工资福利和行政办公支出不得超过当年总支出的10%。据《公益时报》2015年非公募基金会支出调查显示，2015年非公募基金会捐赠支出基本达到年初制订的支出计划，且捐赠支出均用于了公益机构的公益项目。

（一）公募基金会全年筹资情况

捐赠额是公益慈善事业发展最直观的指标之一，对于公募基金会更不例外，2015年，各大公募基金会也向公众交出了自己的筹款“成绩单”。据《公益时报》跟踪报道的三个系列的筹款成绩单不难看出，各家公募基金会基本完成了2015年的筹款目标，且成绩不错。

截至2015年12月底，排名前十名的基金会如下：中国光华科技基金会捐赠收入为6.16亿元；中国残疾人福利基金会捐赠收入为4.9亿元；中国妇女发展基金会捐赠收入为4.68亿元；中国扶贫基金会捐赠收入为4.6亿元；中国青少年发展基金会捐赠收入为4.5亿元；中国儿童少年基金会捐赠收入为3亿元；中国社会福利基金会捐赠收入为2.67亿元；中华思源工程扶贫基金会捐赠收入为1.81亿元；中华少年儿童慈善救助基金会捐赠1.8亿元；中国红十字基金会捐赠收入为1.59亿元。

这样的成绩能在一定程度上说明一个机构的品牌项目建设对于机构自身的筹资、品牌形象、知名度及方方面面都有不小的影响。中国青少年发展基金会的"希望工程"、中国扶贫基金会的"爱心包裹"、中国妇女发展基金会的"母亲水窖"、中国儿童少年基金会的"春蕾计划"、中华少年儿童慈善救助基金会的"9958"……不少公募基金会都致力于打造自身的品牌项目，并且在品牌项目的建设上起到了一定的示范作用。

公募基金会在社会组织当中，无论是筹资能力、品牌建设还是公众知晓方面都处在领跑位置。同时在监管层面，政府自上而下加大了对年检不合格及违规基金会的处理及政策落实制度，让基金会在专业化、规范化的道路上有了更加明确的方向。

企业捐赠有所下滑

筹款成绩位于前十名的各家公募基金会，较2014年在筹资金额方面差别不是特别明显，但各家基金会普遍反映企业捐赠有所下降，据中国扶贫基金会秘书长刘文奎讲述，扶贫基金会以往在筹款结构中跟企业合作的比较多，但是今年很多企业压力比较大，尤其一些如房地产类的企业的捐赠不如以往的捐赠力度那么大。

这一点得到了中国妇女发展基金会秘书长秦国英及中国光华科技基金会副秘书长梁范栋的认同。秦国英表示，妇女发展基金会在2015年的筹款中，大型企业的捐赠热情有所下降，企业对公益组织项目的要求越来越高，对项目的社会效益考虑越来越多，比如对受益人群的可持续发展、环境保护、生态等各方面的发展考虑得比较长远。这已经不是一个单向的支持，合作共赢的要求和呼声也越来越大。梁范栋指出，经济发展步入新常态，经济下行压力持续加大，多数企业的经营管理经受着十分严峻的考验，企业对公益事业的捐赠意愿也明显下降。

中国华侨公益基金会秘书长何继宁则表示，首先是经济下行压力对企业筹款带来很大的影响，这是华侨基金会2015年未完成年初的筹款目标的主要原因；其次是基金会之间的竞争越来越激烈，捐赠方可选择的领域、合作伙伴和项目也越来越广泛，由此带来的压力对公募基金会来说同时也是创新的动力。

公众筹款大幅度提升

各家基金会在2015年筹款中，公众筹款与以往相比有了较大幅度的上升。据中国扶贫基金会秘书长刘文奎介绍，扶贫基金会在2015年筹款结构当中的公共捐款加上互联网捐款占30%左右，但到第三季度公众筹款就占到了45%以上，2015年的筹款超出原来的预期计划很大一部分的原因是由于公众筹款增加了，而公众筹款增加的原因大部分来自于互联网的筹款。2014年互联网的筹款是5000多万元，今年大概达到1.5亿元，增长了两倍。

秦国英表示，中国妇女发展基金会2015年的公众捐款较前些年较为突出，一个是得益于互联网，另一个是与广大的公益组织在项目的创新能力、策划能力、符合社会需求、精准化的策划及项目挖掘有密切的关联。公益组织在2015年发挥了很好的平台和桥梁的作用，得益于互联网的成长，众筹为我们带来了移动终端的便利。

据朱锡生介绍，中国儿童少年基金会2015年在众筹方面与以往相比有了较大幅度的上升。2015年通过众筹的金额大概在4600万元，对儿童少年基金会来说也是一个不错的成绩。

中国红十字基金会副理事长刘选国说：“2015年中国红基会接受个人捐赠善款总额约为2400万元，比上年增长约38%；在当年捐赠总收入中的占比约为 15%，较上年提升近 5 个百分点。其中网络筹款总量约为 600 万元，同比增长约 70%。”

互联网筹款方式呈现多元化

中国互联网信息中心的数据显示，中国拥有全球最多、超过 5 亿的互联网用户。互联网技术的应用和普及，为公募基金会增加透明度、提高公信力提供了最为便利的工具，慈善机构通过建立官方网站公布公益项目、捐款使用情况、年检及财务报告，使捐方和公众通过网络就可查询到慈善机构的基本信息。同时，随着网络功能的开发，网络支付得到广泛应用，因此开发网络捐款模式，成为领先的公募基金会的创新途径。

网络筹款模式主要有两种。一种是公募基金会与大型网站合作联合开展公益项目，利用公募基金会的公募资格、账户和门户网站的巨大网民流量共同倡导发起募捐。一些大型门户网站均设有公益频道，它们与公募基金会或草根组织开展合作，设计实施公益项目。如新浪网与中华思源工程扶贫基金会合作的“扬帆计划”，中国红十字基金会联合凤凰网发起的“春雨行动”等。另一种是公募基金会利用网络的第三方支付手段，为自有公益项目开展筹款。

网络筹款是最值得公募基金会关注、创新的筹资模式。互联网技术的发展日新月异，每一个网络新技术创新，都会引发新的商业模式出现。因此，公募基金会要保持行业领先，必须紧跟互联网潮流，从中找到公益营销的创新点。

基金会的品牌项目通过互联网传播让越来越多的人知道，这样不断会有人选择这类品牌项目。各大基金会也在加强移动互联网筹款方面的投入，并且互联网筹款的方式也呈现多元化趋势，例如开发 APP、微信公众号、与滴滴打车合作、支付宝、财付通、阿里平台与腾讯的“9·9 公益日”合作等方式让公众的参与更加便捷。随着互联网+时代的到来，来自互联网平台的公众捐赠不断增长。

2015年的“9·9公益日”，是基于移动互联网与公益融合的一次尝试，它通过移动互联网化、社交化等创新手段，用轻松互动的形式，发动全国数亿热爱公益的网民通过小额现金捐赠、步数捐赠、声音捐赠等行为，以轻量、便捷、快乐的方式参与公益。这种创新的手段给公益机构带来了信息和勇气，且让公众的力量越来越明显化；同时也给传统和保守的公募基金会敲响了警钟，依靠公募权舒服过日子的好日子可能快要到头了。而2015年各大基金会所取得的筹资好成绩主要源于互联网筹资方式的多元化。

（二）非公募基金会全年支出情况

据《公益时报》2015非公募基金会支出调查显示：腾讯公益慈善基金会公益支出为2.28亿元；老牛基金会捐赠支出为1.8亿元；爱佑慈善基金会捐赠支出为1.78亿元；阿里巴巴公益基金会捐赠支出为1.35亿元（不含行政管理费用）；泛海公益基金会捐赠支出为3269万元；安利公益基金会公益支出为3050万元；浙江马云公益基金会公益支出为657万元。

以上7家非公募基金会2015年的支出主要用于公益机构的各大项目，而腾讯公益慈善基金会2015年捐赠的支出大头主要用于了“9·9公益日”的配捐。2015年9月7日至9月9日，腾讯公益慈善基金会第一次尝试设立中国互联网的公益节日——“9·9公益日”，拿出9999万元进行配捐。3天的时间内，网民捐款超过1.27亿元，开创了中国互联网筹款全新的纪录。

2015年，腾讯公益平台全年筹集的金额是5.4亿元，为2014年的5.5倍，参与捐款的人次超过了2200万人次，也是2014年的5倍左右。

行业热点事件

1. 尼泊尔地震，中国海外救援力量表现积极

中国是世界上自然灾害发生最频繁的国家之一。近年来，中国NGO，包括数量稳步增长的基金会，已成功从本土救援中获取第一手的经验，为参与境外救援打下了基础。

2015年4月25日，尼泊尔发生里氏8.1级地震。由于地缘优势等原因，地震灾区成为中国民间救援力量的关注目标。多支救援力量陆续从不同方向奔往尼泊尔灾区。有评论称："这是迄今为止中国民间反应最快、规模最大的一次海外救援行动。"

据了解，地震发生后10分钟，壹基金救援联盟即召开专家组紧急会议，根据信息组汇总的情况开始研判灾情。22分钟后，救援行动正式开启，正在加德满都的5名联盟救援队员迅速集结，立即赶往震中开展救援。

作为国际救灾联盟（ACT Alliance）的创始成员、理事和在中国的唯一合作伙伴，爱德基金会也在第一时间行动起来。14时30分，爱德基金会即分别与国际救灾联盟日内瓦秘书处及尼泊尔成员机构取得联系，磋商之后，决定参与尼泊尔地震灾区的救援工作。

第一时间，中国扶贫基金会也紧急启动"人道救援——尼泊尔特大地震及西藏地震响应救援"。第二天9时30分，中国扶贫基金会秘书长助理安建荣带队赶赴尼泊尔灾区一线，联系当地政府、国际组织及联合救援组织开展灾情评估，并建立一线救灾营地。中国扶贫基金会执行会长何道峰为尼泊尔受灾群众发放家庭包。共计138人次投入5000余小时，进行60天不间断紧急救援工作，先后开展灾情排查、生命救援、供餐、卫生消杀、医疗健康、物资发放、安置社区等15个项目，投入资金物资325.06万元人民币。

以上三家基金会连夜集结的同时，中国社会福利基金会、蓝天救

援队等其他多支救援力量，也陆续从不同方向奔往尼泊尔灾区。

早在2012年11月，邻国缅甸连续发生两次里氏6级以上地震后，壹基金救援联盟组成了一支5人的轻型救援队前往救援。这是一次牛刀小试，其时距2008年汶川地震已4年有余，民间救援组织希望与国际层面有更多交流、学习，并开始有意愿承担更多的责任。在经过雅安、鲁甸等多次灾害救援的锻炼之后，民间力量首次大规模出征尼泊尔可谓顺理成章。

我国社会组织和志愿者迅即响应，以各种形式支援尼泊尔灾区。对于我国社会组织来讲，这是第一次真正意义上的大规模投身国际紧急救援，并与国际组织合作实施联合应对。

2. 公益组织海外设点，国际化探索进入全新阶段

20世纪90年代初期，国际上很少出现中国公益组织的身影，跨出国门的公益组织更是少之又少。当时的中国处在改革开放的初期，国内人民群众日益增长的物质文化需求和落后社会生产力之间的矛盾长期存在，不少国人对于中国公益组织向国外提供服务很是不解，认为“国内公众需求尚未解决，为何要去服务国外”。

时代背景下的这一思潮使公益组织陷入思考，中国扶贫基金会及爱德基金会抓住了这一契机，跨出国门，向国外提供社会服务，在国际舞台显示中国公益。

2015年7月27日，缅甸内政部向中国扶贫基金会颁发了国际非政府组织牌照。这标志着中国扶贫基金会首家海外办公室正式在缅甸成立，也意味着中国扶贫基金会国际化探索进入了一个全新阶段。

自2012年开始，中国扶贫基金会先后三次赴缅，开展了民生需求及项目实施可行性调研。根据缅甸的实际需求，结合中国扶贫基金会项目特长设计了“胞波助学金项目”，并于2015年1月启动了项目试点工作，为来自仰光经济学院和大光大学50名一年级的贫困大学生发放了每人每年30万缅币的助学金，旨在为他们的日常生活花费

提供帮助，项目也将开展“胞波同学会”活动，帮助他们进行能力建设。

2005 年，中国扶贫基金会开始国际化道路探索，并先后在印尼海啸、巴基斯坦地震、缅甸飓风、海地地震、日本海啸、非洲之角旱灾、尼泊尔地震等自然灾害中捐赠救灾物资以及提供人道主义援助。同时中国扶贫基金会也在苏丹援建了“苏中阿布欧舍友谊医院”，为当地建立了母婴保健网络，在埃塞俄比亚启动了“微笑儿童”项目，为当地小学生提供免费的午餐。截至 2014 年年底，中国扶贫基金会在国际项目上已经累计投入超过 7600 万元人民币。

为了便于在缅甸长期开展公益援助，中国扶贫基金会于 2014 年 10 月份启动了缅甸国际非政府组织注册申请工作，经过近 1 年的协调努力，中国扶贫基金会正式获得了国际非政府组织牌照。

8 月 13 日，中国扶贫基金会尼泊尔注册办公室签约仪式在加德满都举行。这是中尼建交 60 周年之际，中国在尼泊尔注册成功的首个中国民间组织。这是中国扶贫基金会继成立缅甸办公室之后的又一海外设点。

2015 年 4 月 25 日尼泊尔发生里氏 8.1 级地震后，中国扶贫基金会次日便抵达尼泊尔重灾区，在中国驻尼泊尔大使馆的帮助下，先后开展了生命搜救、食品与饮用水保障、社区卫生与防疫、专业医疗救助、伤员照护等工作。

据了解，中国扶贫基金会在未来 5 年内，每年将在尼泊尔投入不少于 10 万美元，帮助尼泊尔进行灾后重建。

自 1985 年成立以来，爱德基金会一直致力于国际交流与合作，派员参加联合国和世界组织的会议，参与和推动国际民间友好往来。2014 年 7 月，爱德基金会成为联合国经济及社会理事会特别谘商地位组织。

2015 年 7 月 1 日，为了促进中国与非洲的友好往来和资源分享，促进非洲的社会发展，爱德基金会在埃塞俄比亚首都亚的斯亚贝巴正式成立了非洲办公室，这也是中国第一家公益机构在非洲正式设立办公室。

当前，爱德非洲办公室设立在一家由中方承建的酒店内，配备4名工作人员，一名为爱德员工、一名曾在中国有留学经历的埃塞俄比亚学生、一名埃塞俄比亚工作人员和一名国际志愿者。项目将首先结合在国内长期关注特殊儿童尤其是孤儿群体的经验，在肯尼亚资助一所孤儿院。

如今，爱德的“走出去”国际化战略，包括在尼泊尔、菲律宾的救灾项目，在肯尼亚、朝鲜的粮食援助项目，马达加斯加的沼气发展项目，联合 Watsi 合作国际个案救助项目等。2015 年尼泊尔地震发生后不到20 分钟，爱德基金会积极响应，通过与国际救灾联盟合作，第一时间参与一线灾区救援，成为中国民间公益组织第一次大规模跨国救灾行动的“先锋”。

30 年来，爱德项目共引进长期外教 2000 多人次进入大专院校进行英语教学，组织 3.2 万多名中学教师进行英语暑期班培训，接待来自美国、丹麦、日本等国家和中国香港特区数千名大学生志愿者，参与“服务学习”项目，促进中外青年之间的相互交流。

随着“走出去”战略的实施，继 2014 年 7 月成为拥有联合国经济与社会理事会特别谘商地位的组织后，爱德就一直期望能够在更大的国际舞台上与更多的国际民间组织开展交流互动。

为此，爱德第二间海外办公室在瑞士日内瓦也于 2015 年 11 月 7 日投入运转。

中国扶贫基金会、爱德基金会等中国民间公益组织不断在海外设点，标志着这种国际化探索进入了一个全新阶段，预示着基金会海外工作已渐入佳境。

3. 互联网基金会成立

2015 年 8 月 3 日，中国互联网发展基金会在北京正式挂牌成立，标志着中国、同时也是全球范围内第一家互联网领域的公募基金会正式成立。目前该基金会已有10个工作计划，包括“寻访中国抗日战争见证人，抢救亲历亲见抗战史料”、组建“中国互联网+联盟”、建立“中国公益捐助网络平台”“蓝色天使专项基金”“心中有光明的人”等。

中国互联网发展基金会是经中国国务院批准，民政部登记注册，由国家互联网信息办公室主管，并具有独立法人地位的全国性公募基金会。其业务范围主要为：募集资金、专项资助；支持社会组织、单位和个人参与网络空间治理；国际交流与合作；专业培训等。

据了解，互联网基金会将响应国务院《关于积极推进“互联网+”行动的指导意见》，会同相关企业倡议发起、组建“中国互联网+联盟”，成立一个全国性、社会性、行业性的非营利、非法人联合体，努力搭建政府、市场、社会合作和沟通的桥梁，以助推国家“互联网+”行动为目标，促进中国经济发展转型，全面服务国家“互联网+”战略实施。

根据“基金会中心网”披露数据显示，中国互联网发展基金会原始注册资金为1.9亿元人民币。

中国互联网发展基金会将致力于开展以下四个方面工作：支持中国互联网事业健康发展，使网络空间清朗起来；促进社会主义核心价值体系传播，维护国家网络安全和社会稳定；积极培育中国互联网人才资源，提升中国互联网国际话语权；关注并参与互联网相关的公益活动。

互联网基金会成立后，不断通过各种方式将公益植入互联网领域。2015年11月30日，旨在“聚焦互联网公益，传播温暖正能量”，“让公益弥漫在互联网每一个角落”的“网络公益广告联播”活动正式启动。2015年12月3日至5日，中国互联网发展基金会、香港资讯科技联会、互联网专业协会、百川汇联合主办的“2015年首届香港国际创客节”在香港举行。这届“创客节”成为香港历年举办的规格最高、规模最大、参与机构和个人最多的国际性创新创业主题盛会，吸引超过20万人参与。这个中国互联网领域的公益“弄潮儿”正在掀起一个个波澜。

4. 桃花源基金会成立

2015年4月10日，“桃花源生态保护基金会”在浙江宁波宣布成立，由马云、马化腾出任该公益机构董事会联席主席，沈国军、欧亚平、朱保国、曾梵志、王中军、虞峰、吴鹰、唐越、宋立新、张爽等国内知名企业家及公益人士参与其中。

据介绍，这些成员均参与生态环境保护实践多年，了解国内和海外公益机构的运作模式，希望能在“桃花源”的实践中融合海外经验和中国实际，探索适合中国公益事业的方法、道路和体系。基金会发起人之一马云曾专门了解国外治理水污染和雾霾的历史，“取名‘桃花源’，我们希望中国10年、20年之后能拥有更纯净的水和空气。”马云表示，一方面，随着中国公益事业的日趋成熟，越来越多的力量将会配合政府和科研机构治理污染；另一方面，我们应该从现在开始保护纯净的土地。

据了解，阿里巴巴集团从2010年起将集团年收入的0.3%拨作公益基金，主要用于环境保护。以此计算，2014年阿里巴巴仅通过该基金即捐出约1.5亿元。此外，阿里巴巴公益账单显示，2014年有2.13亿淘宝会员参与了超11.1亿次的公益行动，产生了2.34亿元的公益善款。

中国银泰投资有限公司董事长沈国军表示，桃花源生态保护基金会将关注国内外生态环境保护事业，并将积累的经验分享给全球从事自然保护的机构，让更多的人参与到生态保护当中来。

2015年10月4日晚，在香港的苏富比拍卖会上，马云和著名艺术家曾梵志合作的油画《桃花源》以130万元港元起拍，经过32轮竞拍，历时 7 分 15 秒，被环球国际（香港）控股集团董事长钱峰雷以 3600 万港元拍下，加佣金达到 4220 万港元。此次拍卖所得全部款项将捐赠给桃花源生态保护基金会，用于环境保护公益事业。同日，桃花源基金会董事会及理事会成立大会在深圳腾讯公司举行。

五

企业社会责任的中国十年

2006年是中国企业社会责任的“元年”，到2015年中国企业社会责任正好走过了快速发展的10年。在这10年中，中央政府、地方政府、社会团体、研究机构、公众、媒体等多方力量积极推动企业履行社会责任；在这10年中，一大批中国企业树立了社会责任理念，建立了社会责任管理体系，提升了社会责任绩效。通过学习、借鉴、创新，全社会一起探索着中国企业的责任发展之路。同时，2015年也是“十二五”的收官之年，中国企业社会责任即将迎来新的五年发展。

而“经济新常态”“加强企业社会责任立法”“史上最严环保法”……这些与企业生存和发展息息相关的关键词更让2015年成为了企业社会责任在中国的又一个标志性年份。

企业社会责任的“新常态”一方面要着力解决传统发展模式中积累下来的企业无法忽视的各类环境问题、社会问题；另一方面，还要通过改革创新，把握机遇。新一轮技术变革为企业和社会创造共享价值开启了巨大的想象空间，而公私合作模式的新潮流也为创造共享价值带来了更多可能性。

新常态下创造共享价值。新常态意味着要转变经济发展方式，包括要从以往重视GDP数量向未来更重视GDP质量过渡，并注重更加平衡的发展，尤其是经济与环境的平衡、城市与农村的平衡等。这些领域往往是商业与社会的交汇点，很多企业都可以结合自身业务发现创造共享价值的机会，实现商业价值与社会价值的共赢。

2014年末，《中共中央关于全面推进依法治国若干重大问题的决定》提出以保护产权、维护契约、统一市场、平等交换、公平竞争、有效监管为基本导向，完善社会主义市场经济法律制度，进一步规范了企业在市场竞争中的责任。该决定还提出要加强“企业社会责任立法”，预示着社会责任的法律基础将进一步巩固。因此，无论是国企、民企还是外企，严守合规底线都成为了2015年全年的工作重点。

2015年，公私合作（PPP）模式越来越受重视。十八届四中全会充分肯定了民间团体在法治社会建设中的积极作用，并明确“支持行业协会商会类社会组织发挥行业自律和专业服务功能”。企业和民间团体借公私合作盛行的东风，创新和丰富了履行企业社会责任的形式。

2015年1月1日起，新环保法正式施行。“按日连续处罚”等一系列规定，都表明了企业环境违法成本将明显提高。与此同时，联合国巴黎气候大会及拟议中的“巴黎协议”将推动能源与环境问题成为2015年全球关注的焦点。

“按日连续处罚”新规出台。新环保法在很多方面都较以往更加严厉，对企业履行环境责任提出了更高要求。其第五十九条提出对违规企业实施“按日连续处罚”，即对持续性的环境违法行为进行按日、连续的罚款。同时，环保部门被赋予了更多权限，如对违规企业查封和责令限产停产、停业甚至关闭的权力。新环保法还增加了对不负责任的环评等服务机构及执法不力的环保部门的约束，某种程度上可打破违规企业与环评机构之间的潜规则。

企业环境透明度承压。由环保部起草的《企业事业单位环境信息公开暂行办法》于2015年1月1日起施行。该办法规定企业事业单位应当按照自愿公开和强制性公开相结合的原则，及时、如实地公开环境信息。关于企业环境信息公开，新环保法也提出两大类相关要求：企业需公开自身排污信息；政府需公开企业环境信息。这些都对企业环境信息公开施加了更大的压力。

中国政府近年来提出的金砖国家开发银行、亚洲基础设施投资银行、丝路基金等一系列倡议为中国企业“走出去”发展战略提供了资金支持。见证了多年来外企在中国受到的责任监督，中国企业也开始在海外亲身接受同样的考验。

由于中资企业海外投资集中在能源和矿产等社会影响较大、污染较重的行业，因此不可避免地会受到当地非政府组织对环境绩效、社会责任的监督。

我国政府已相继出台一系列指导性文件，如商务部和环境保护部联合编制发布的《对外投资合作环境保护指南》，指导中国企业在对外投资合作中提高环境保护意识，了解并遵守东道国环境保护政策法规。2015 年，利益相关方对中资企业海外投资中的履责问题的关注比以往更加密切。

而“一带一路”国家战略的出台，迅速扩大了中国海外的投资规模。出于与投资东道国社区沟通等需要，具有官方背景的非政府组织将加大在东南亚、非洲和南美的社会援助项目实施力度，国内草根民间组织也加强了与国外当地非政府组织的交流与协作。这客观上加大了中国非政府组织在全球的活动范围和话语权。在此过程中，国内非政府组织亟须得到专业机构的帮助，并最终实现和企业一起走出去，成为国家“软实力输出”的重要组成部分。

（一）央企成责任先锋

“承担社会责任”十年

2015 年是企业“承担社会责任”被纳入新公司法的第十年，作为企业软实力的象征，履行社会责任得到越来越多中国企业的重视。

11 月 1 日，中国社科院发布了《企业社会责任蓝皮书（2015）》。

该蓝皮书显示，国有企业特别是央企社会责任发展指数持续领先于民企和外企。

报告发现，与2014年相比，国企、民企和外资三类企业社会责任发展指数差异化明显，国有企业100强社会责任发展指数最高（51.1分），其中中央企业社会责任发展指数达到57.7分，其次为外资企业100强（26.1分），民营企业100强最低（26.0分）。

据统计，2015年，近六成社会责任报告为国有企业发布，五年来持续领先于民营企业及外资企业。从报告发布的地区分布来看，北上广地区发布最多；从企业是否上市来看，上市公司报告超七成，构成了我国企业社会责任报告发布的主力军；在发布内容方面，逐步从“全面披露”向“实质议题披露”转变，“互联网+”“一带一路”成为披露热点。

随着“一带一路”战略的实施，国企在实践中越来越懂得把握传播规律，在海外树立了良好的中国国企形象。中国国务院国资委新闻中心副主任苏桂锋指出，履行海外责任，已经成为中国企业软实力的重要组成部分。

而在这其中最为突出的央企，与其积极承担社会责任密不可分。2008年，国务院国资委就发布了一号文件《关于中央企业履行社会责任的指导意见》，要求中央企业增强社会责任意识，积极承担社会责任。中央企业在《意见》推动下，认真履行社会责任，不断实现企业与社会、环境的全面协调发展。

通过过去十年推进社会责任的努力，中央企业发生的突出变化主要表现在下面三个方面：

一是更加注重以责任促发展。企业已经认识到社会责任不是额外的工作，而是内生于企业改革发展各项工作之中。一批企业积极探索将社会责任理念融入使命、价值观和愿景，形成具有自身特色的社会责任观。企业的履责意识不断增强，一些企业的领导班子积极发挥表率作用，带动员工履行社会责任；更多的员工越来越关注社会责任，并将社会责任理念和意识逐渐融入自己的岗位工作。

二是更加注重以责任强管理。经过过去十年的探索，综合价值创造思想、责任竞争力思想、利益相关方管理、实质性议题分析等一大批新的管理理念和管理工具，已经为企业所接受并在日常管理和运营中积极实践。越来越多的企业开始积极回应和综合吸纳来自社会的需求、环境的目标等多元利益诉求，由价值链对象的管理扩展到更广泛的利益相关方管理，让更多的利益相关方参与公司重大决策、生产运营以及参与分享企业发展成果。企业社会责任管理正在成为中国贡献全球企业可持续发展的重要领域。

三是更加注重以责任树形象。越来越多的企业从单纯以客户为中心进行沟通，过渡到关注社会各界的诉求，面向全体利益相关方进行沟通，树立可持续的品牌。将履行社会责任作为品牌建设的重要保障，将社会责任理念作为品牌内核，通过为利益相关方创造经济、社会和环境综合价值，全面塑造企业在各利益相关方心目中的负责任形象。

成绩后的困惑

央企承担社会责任的意识在逐步提高，但许多央企也承认，具体到实施社会责任时，也面临一些困难和挑战。

中国华电集团公司社会责任工作负责人罗欣透露，华电集团主要从生产经营上体现社会责任的管理，如在环境方面，企业加快推进清洁高效的环境项目建设，还实施了超低排放的技术改造，等等。从2012年开始，企业每年组织开展捐资助学、援疆援藏、节能环保、孝老爱亲等活动。

“华电是电力生产企业，不同于服务性企业，所以跟公众之间的互动比较少。”此外，罗欣也指出，央企规模较大，如何在基层各单位推行社会责任管理，让各单位都同步到社会责任的架构中，是未来需要进一步完善的地方，“目前我们每年会定期召开社会责任培训会，然后通过案例的征集调动他们的参与性，提高他们的社会责任意识。”

和华电的困惑不同，长期开展公益活动的中石油困惑于怎么顺利地开展有风险的公益项目。

“公益项目并非没有风险。”中石油福建销售公司党群处处长陈上元表示，在开展“铁骑返乡”“船夫救人奖”和“爱心顺风车”这类公益项目时，时常会出现意外情况，这些意外有可能影响企业的声誉，这是企业所担心的。

“比如说船夫救人项目，如果船夫救人的时候自己出现了意外怎么办？爱心顺风车项目中，万一有人在搭乘顺风车时，发生了意外，会不会责怪中石油开展的这项活动？”

在履行社会责任上，中石油福建销售公司的支出在逐年递增，从2009年的20多万元到2014年的近200万元，央企对履行社会责任的重视程度可以通过数字直观体现，在开展铁骑返乡的活动时，仅中石油福建地区就有623名员工参与其中。

但在陈上元看来，和扶贫这些纯捐款类的公益项目不同，企业在开展这些项目时其实有很大的担忧，“做公益，企业在乎的不是钱，而是安全。”

“据我了解，骑摩托车返乡过年，每年都有交通事故发生，一旦发生事故，外界是否会说，这是中石油的一项公益，企业好不容易搭建起来的形象，就有可能受到影响。虽然从法律上看，我们没有什么责任，但企业做这些活动，还是希望不出意外。”陈上元表示，为了降低风险，企业也在这方面思考了很多预案，“铁骑返乡者很多都是连夜赶路，我们之所以在每个加油站都设立一个休息点，就是为了让他们别太急着赶路。今年（2015年）企业又给铁骑者增加了交通意外险、配备了反光背心等，尽可能地降低出行风险。”

“央企目前存在的共性问题就是对企业与社会的关系理解不够深

刻。”北京大学光华管理学院副教授、北京大学光华管理学院责任与社会价值中心副主任杨东宁指出，这当中的原因就是他们没有在这方面的判断能力或者是决策依据，“换句话说，他们现在还没有进行深入调查，反复研究，把它当作一个战略目标去思考。如果在管理上企业没有更多的精细化的作为，那么也就没办法对形成的社会效果去准确地衡量，也就没法把控过程中会走偏的风险。”

杨东宁指出，在履行社会责任上，央企十年来虽然迈出了很大一步，取得了很多成效，但在一些问题上，还是会抓不住民众的关心点。

在杨东宁看来，央企要高度重视、严肃看待沟通上的问题，应该把更多的社会责任管理资源投入到沟通上去。“这个沟通并不是通过简单的类似于广告式的单向传播的方式来呈现的。跨国公司基本上也走过这个历程，比如耐克、壳牌，最开始都是跟公众有摩擦、冲突，后来慢慢开始接触对方、理解对方，到最后能更深刻地洞察利益相关方的需求，期望利益相关方能够更好地参与到经营活动中来。”

在企业社会责任研究专家李文看来，我国正处在一个改革的阶段，央企自身也面临着诸多的转型改革，而在这个过程中，央企要履行好社会责任，一方面要增强企业对自身社会角色的认知，满足各利益相关方的利益诉求和社会公众的期待；另一方面要通过创新（技术创新和管理创新）来实现转型升级，要探索一条可持续发展的道路，摆脱西方工业化进程中经济发展以牺牲资源环境为代价的“困境”，实现跨越式发展。

（二）民企还需榜样带动

一文件加速民企履责

1月8日，全国工商联下发了《关于开展2014年度全国工商联民营企业社会责任调研工作的通知》（以下简称《通知》），决定从2015年起，全国工商联每年都将开展民营企业社会责任调研工作，在此基础上编写并向社会发布上一年度《中国民营企业社会责任年度报告》。

《通知》指出，党的十八届三中、四中全会就全面深化改革、依法治国作出了总体部署，同时也对企业履行社会责任提出了更高的要求。民营企业履行社会责任对企业可持续发展具有决定性意义，也是企业适应经济社会新常态发展的必然要求。各级工商联要将推动民营企业履行社会责任作为促进“两个健康”的重要切入点和理想信念教育实践活动的有效抓手，引导民营企业全面认识和主动履行社会责任，适应新常态，引领新常态，走健康和谐、可持续发展道路。

全国工商联《中国民营企业社会责任年度报告》执行主编、中国社会科学院企业社会责任研究中心副主任、河南省企业社会责任促进中心主任林彬介绍说：“自2013年以来，全国工商联已经做了充足的社会责任实地调研和理论研究工作，此次公开的发布报告计划是全国工商联在之前所做的大量工作的基础上认真研究后的结果，意味着全国范围内的整个工商联系统将共同参与到民营企业的社会责任工作中来，为工商联下一步开展社会责任工作打开了新局面。”

全国政协副主席、全国工商联主席王钦敏指出，作为我国正式出版的第一部记录呈现、研究分析民营企业社会责任的专著，《中国民营企业社会责任年度报告》传递了我国非公有制经济发展进程中的正能量，是改革开放以来民营企业家经营理念和责任意识转变的心路历程，向社会公众展示了民营企业的正面形象，揭开了民营企业履行社会责任工作的新篇章。

“企业发展需求和企业家觉悟是民营企业积极承担社会责任的动力，全国工商联及各级工商联组织，是引导、推动这一进程的推手。”王钦敏指出，作为民营企业的娘家，全国工商联今后要加强对各级工商联、行业商会和重点民营企业进行社会责任专项培训，鼓励支持各级工商联、行业商会和民营企业适时向社会发布社会责任报告，努力打造民营企业社会责任品牌项目，为广大民营企业家履行社会责任创造更好的条件。

佼佼者仍为少数

据《企业社会责任蓝皮书（2015）》显示，2015 年，中国民营企业 100 强社会责任发展指数平均得分为 26.0 分，比 2014 年提高 5.5 分，整体达到二星级水平，处于起步者阶段。华为、阿里巴巴、中国民生银行得分均在 80 分以上，达到五星级水平；上海复星医药、中兴通讯等 10 家企业达到四星级水平；六成企业（60 家）得分低于 20 分，仍处于旁观者阶段，其中 3 家企业得分为零。（见图 1）

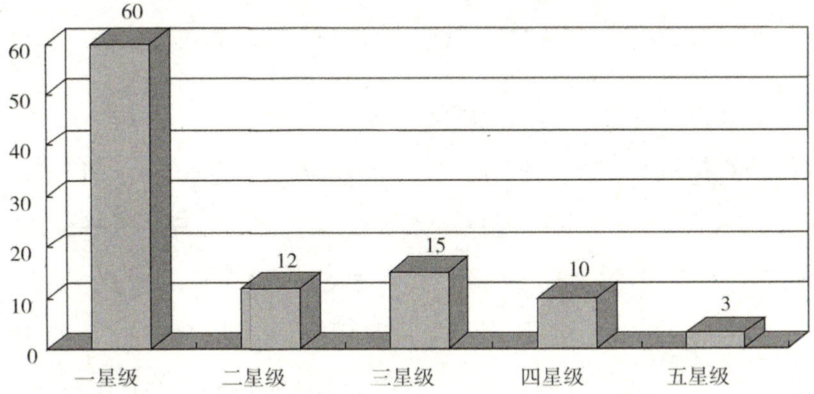

图 1　2015 年民营企业 100 强企业社会责任发展指数星级分布

2015 年，我国民营企业 100 强责任管理指数平均得分为 24.9 分，责任管理发展滞后于责任实践（26.0 分）。责任实践中，社会责任指数（29.5 分）高于市场责任指数（29.2 分）和环境责任指数（19.1 分）。

2015 年中国民营企业 100 强的责任管理、市场责任、社会责任和责任实践指数得分相比 2014 年均有所提高，环境责任指数不变，其中社会责任指数得分增幅最大，较上年增加 9 分，可见民营企业 100

强对依法合规经营、保障员工权益等方面的重视程度不断提高。（见图2）

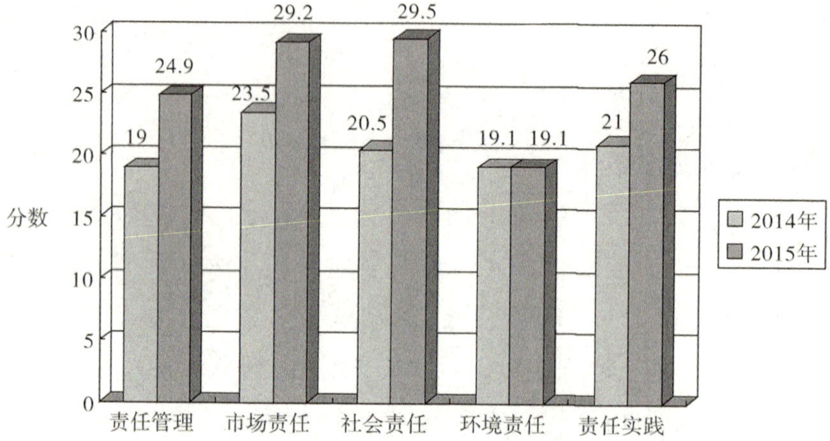

图2 2014—2015年民营企业100强社会责任发展指数结构比较

民营企业100强责任议题平均得分为27.3分，比2014年提高4.3分，整体达到二星级水平，处于起步者阶段。其中，社区关系指数得分最高，为37.4分，股东权益次之，为33.1分，处于二星级水平；而安全生产指数（15.8分）得分相对较差，不足20分，处于一星级水平。（见图3）可见，民营企业更注重维护自身的企业形象和投资者关系，在社会公益、慈善事业及财务数据等方面披露情况较好，而安全生产管理方面的数据披露情况较差。

2015年，中国500强企业中，民营企业有168家，其中近8成的民营企业均未发布报告。虽然这几年民营企业发布社会责任报告的数量明显增多，但还是落后于其他企业。一方面，这种现状的产生与民营企业在我国所处的社会环境有关，外界对其发布报告可能没有太高的要求。另一方面，由于自身业务经营方面的压力，民营企业发布社会责任报告的积极性也不是非常高。而民营企业是否发布社会责任报告不仅是企业的事情，也需要一定的社会力量来推动。所以接下来，

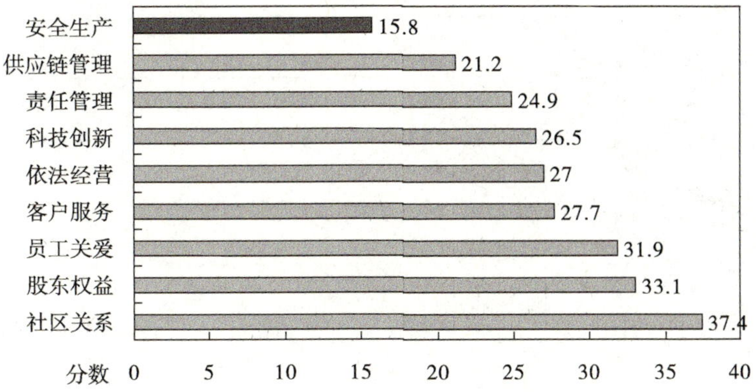

图 3　民营企业 100 强责任议题指数分布情况

还需要积极推动制度创新，建立有效的激励机制，让还未公开社会责任报告的民营企业意识到信息披露对企业的重要性。

（三）外企履责情况各异

《企业社会责任蓝皮书（2015）》披露，2015 年外资企业 100 强社会责任发展指数平均得分为 26.1 分，同 2014 年的 26.4 分比较，仍徘徊在起步阶段。其中，中国三星、英特尔（中国）和 LG 中国 3 家企业达到五星级水平，处于卓越者阶段；四星级企业为 6 家；10 家企业达三星级水平，处于追赶者阶段；31 家企业处于二星级水平，仍有 50 家企业处于一星级水平，处于旁观者阶段，社会责任管理及信息披露情况仍不乐观。（见图 4）

2015 年外企 100 强社会责任发展指数平均得分为 26.1 分，地区间存在较大差异，东亚地区的企业远好于欧美地区的企业。其中，韩资企业得分最高（68.2 分），达到四星级水平，处于领先者阶段；台资企业其次（46.4 分），达到三星级水平，处于追赶者阶段；日本

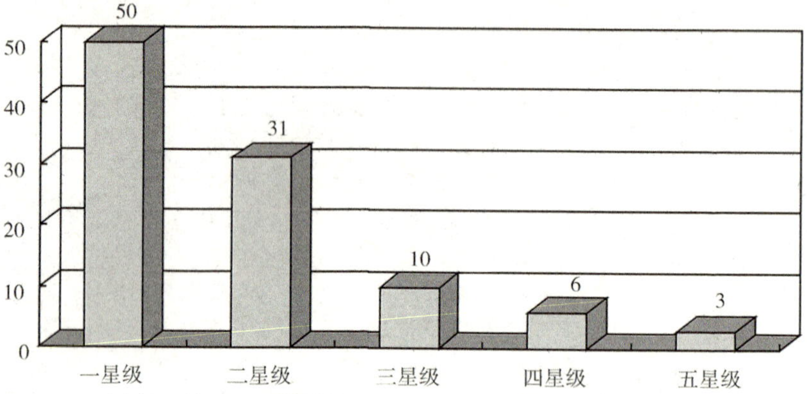

图4　外资企业100强企业社会责任发展指数星级分布

(35.8分)、德国(27.3分)、法国(23.1分)次之，为二星级水平，处于起步者阶段；其他国家和地区(19.3分)、美国(19.2分)、英国(17.0分)和新加坡(12.3分)的企业社会责任发展指数依次降低，为一星级，处于旁观者阶段。(见图5)

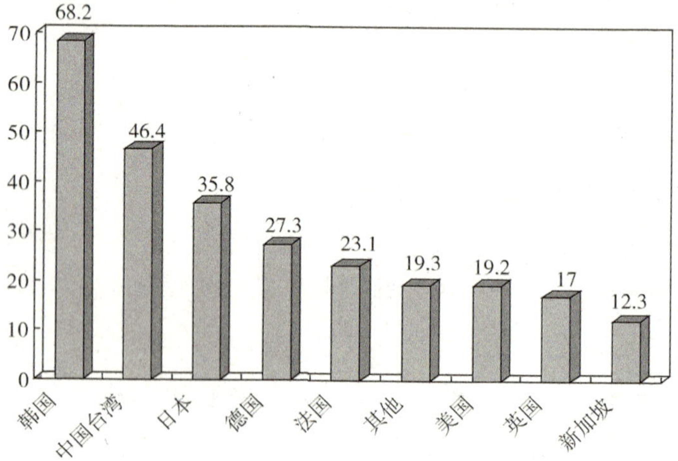

图5　外资企业100强社会责任区域表现

外资企业100强责任管理指数得分(29.4分)领先于责任实践得分(25.9分)。与国有企业和民营企业不同的是，在责任实践内部，外资企业的环境责任指数（27.7 分）和社会责任（27.2 分）指数高于市场责任（22.7 分），可见，外资企业对于披露财务数据信息持较为保守的态度，更倾向于披露环境责任和社会责任的相关信息。

除社会责任指数从2014 年的22.8 分提升至2015 年的27.2 分外，责任管理指数、市场指数和环境指数与去年相比都有所降低。但外资企业在经营管理中，对政府、员工和社区的重视程度越来越高。（见图6）

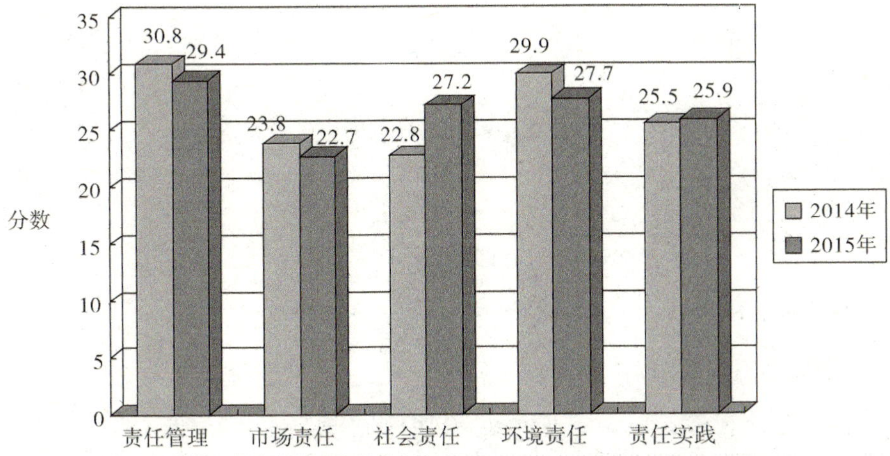

图6　2014—2015 年外资企业100 强社会责任发展指数结构比较

外资企业100 强责任议题指数平均得分为25.1 分，比2014 年降低了0.6 分，整体达到二星级水平，处于起步者阶段。其中，社区关系得分最高，为40.6 分，处于三星级水平；其次为供应链管理、责任管理、员工关爱等5 个议题，均处于二星级水平。各议题中，股东权益得分最低。可见，与国有企业和民营企业相比，外资企业更注重于社区关系、供应链管理等方面信息的披露。（见图7）

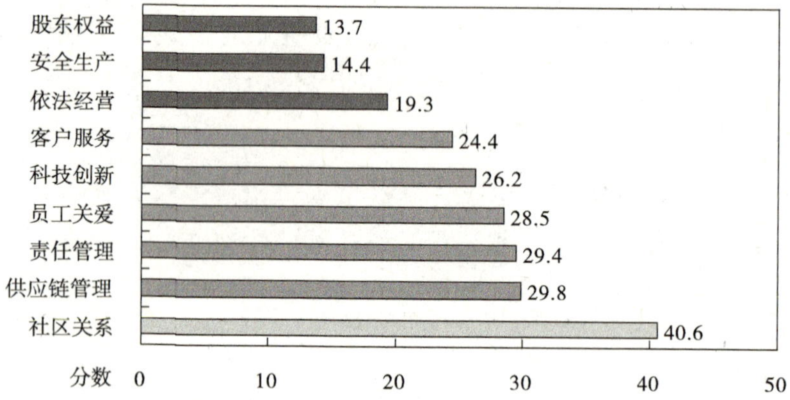

图7 外资企业100强责任议题指数分布情况

行业热点事件

1. 央企悄然谋划“十三五”CSR战略规划

由国资委研究局指导，责扬天下（北京）管理顾问有限公司承担的央企“十三五”社会责任战略规划研究课题正式启动。这一课题旨在总结“十二五”期间央企社会责任工作的经验和成绩，进而为下一个五年的社会责任工作指引方向。鉴于“十二五”期间中央企业社会责任工作的亮眼表现和影响力度，“十三五”社会责任战略规划编制的方向和重点，无疑值得更多的关注和期待。

2011年国资委发布《中央企业“十二五”和谐发展战略实施纲要》，标志着将中央企业社会责任工作上升为发展战略层面，也成了“十二五”央企开展社会责任工作的纲领。

《中央企业“十二五”和谐发展战略实施纲要》被形象地称为“13520”。“13520的谐音是‘一生我爱你’，我们希望大家因此能把纲要记得更牢、更用心。”时任国资委研究局局长、现任国资委副秘书长彭华岗曾表示。

正是在这份“用心”中，央企社会责任工作的能力和水平有了较大的提升，在各类关于企业社会责任的评价中，央企常常位列前茅。显然，其后的经验需要认真加以总结。

“十三五”规划期的最后一年，即2020年，是我们畅想的“全面建成小康社会”等多项中长期社会经济发展规划的截止年份。作为其中的重要支柱，央企的社会责任工作及其影响也有了更宏大的意义。

中央的十八届三中全会将承担社会责任作为国企改革的六项重点之一，十八届四中全会提出加强企业社会责任立法，这些新的战略性的提法，需要在未来五年得到很好的贯彻。

移动互联、中国制造2025、能源革命、环境保护、“一带一路”……时代发展呈现的这些新趋势需要企业积极履行社会责任；中国经济发展进入新常态，可持续发展问题仍较为突出，要求更高质量、更加公平、更高效率、更可持续。同时，利益相关方有了新的期望，对于央企，全社会有更多、更高、更新的要求。

在课题启动会上，15家央企代表交流了企业在社会责任工作方面的经验，也为央企“十三五”社会责任战略规划的编制贡献了诸多智慧。为使规划更贴合央企实际，更具指导性，课题组将走进重点和先进央企，开展大规模的调研。同时通过对“十二五”和谐发展战略的总结和相关系列课题的研究，让“十三五”中央企业社会责任的顶层设计，为央企继续发挥在社会责任领域的领先和示范作用、实现“做强做优，世界一流”的目标提供支撑。

通过中央企业“十三五”社会责任战略规划，推动中央企业深化社会责任工作，希望它们能成为可持续发展的领导者，关注并响应利益相关方的表率者，责任运营的中国代表者，责任管理的创新者和综合价值创造的引领者。

2. 社科院2015企业社会责任排名 三星蝉联外企第一

2015年11月1日，一年一度的中国社科院企业社会责任发展指数排名在京发布。三星（中国）投资有限公司的社会责任发展指数荣获五星级，总排名由2014年的13位攀升至今年的5位，并蝉联外企100强第一名。

历史统计数据显示，中国三星的排名不断上升。2013年中国三星的总排名为21位，2014年总排名升为第13名，2015年总排名跃升至第5。

在社科院权威的CSR排名中，中国三星之所以能保持领先，并取得不断进步的原因在于十余年来深耕中国CSR领域，并且坚持不懈。

社科院从2009年开始发布的企业社会责任指数是根据分析企业责任、市场责任、社会责任、环境责任等分数后进行的评价体系，评价对象包括中国国内市场上的300家企业（国有、民营、外企分别100家）。

值得一提的是，三星在所有的四个方面都取得了专家的认可。尤其在环境责任领域，三星获得了满分100分。

三星倡导绿色经营，在最先进的三星西安半导体工厂和三星西安锂电池工厂，均采用了具有创新性的环保产品和技术。为让公众及时、详尽了解三星在中国的环保工作，在6月5日“世界环境日”到来之际，中国三星连续第四年出版《中国三星企业环境报告书》。

三星自1992年正式进入中国以来，已发展成为拥有11万名员工，业务横跨电子、金融、重工等领域的大型外企集团。在中国不断加大投资的同时，三星还把半导体、液晶面板等最尖端的高科技产业项目引入中国。

在三星看来，要在中国取得长期发展，必须在中国，为中国。三星集团大中华区总裁张元基认为，要成为中国人喜爱的企业，除了要及时推出符合消费者需求的最佳产品，并以最适当的价格、最好的服务提供给消费者外，还要努力践行作为中国企业公民的社会责任。

自1992年进入中国以来，三星在中国市场上确立主导地位的同时，积极履行“分享经营”哲学，一直在“人才第一”“绿色发展”“社会公益”“顾客满足”和“诚信守法”这五大方面持续开展社会责任活动。

以教育领域为例，关注青少年教育、尤其是贫困青少年的成长发展一直是中国三星社会公益项目的重点，三星和希望工程的公益合作就坚持了10年，迄今为止已经捐建了150所希望小学。

除此之外，2013年的雅安地震，三星第一时间捐赠6000万元；2014年8月的云南鲁甸地震，三星捐赠3000万元，均位列外企第一。

对三星集团而言，中国市场有着巨大的潜力，未来20—30年内三星的增长动力来自中国。而要成为一个真正的本土企业，必须要突破外企的身份，做到比本地企业更加尊重消费者、更加努力成为符合中国社会发展的企业。

中国社科院有关人士表示：“今年是中国政府倡导企业社会责任工作的10周年。从外资企业表现来看，2015年外企100强社会责任发展指数为26.1分，地区间存在较大差别。”

当天披露的排名数据显示，东亚地区（韩国、中国台湾、日本）企业表现较好，其中韩企表现最好，达到68.2分；日企平均分为35.8分，法国企业为23.1分，德国企业平均为27.3分，而欧美地区（美国、英国）企业不到20分。

六

慈善家的多样选择

中国的慈善事业发展迅速。2006 年，我国全社会的慈善捐款总额是 100 亿元人民币，到 2014 年，短短 8 年，这个数字就扩大到了 1000 亿元人民币。2015 年，在中国公益慈善行业经历着深刻变革的同时，慈善家的捐赠形式也变得异常丰富，大额捐赠层出不穷。

5 月，腾讯主要创始人陈一丹宣布将通过旗下的武汉一丹教育发展有限公司向武汉学院首期投入 20 亿元，作为武汉学院的投资举办方，这些资金主要用于新校区的建设及师资投入。这对于刚刚获得教育部批准正式脱离母体中南财经政法大学专设成为民办本科高校的武汉学院来说，无疑是一剂强有力的定心丸，也让其一跃成为国内投资额最大的民办公益大学之一。而作为投资人的陈一丹，在逐渐卸任腾讯公司内部职务之际，公益脚步却越走越快，对于武汉学院的支持，早于 2009 年就已经开始。对于投入的 20 亿元，陈一丹承诺不拿走一分钱，这也确定了这些钱的公益性质。陈一丹说："我并不是金主，也不是教育家，我只是搭建平台，老老实实做一个办学人，希望通过这样的实践，探索出一条中国非营利性民办大学的办学之路。"

6 月 17 日，汉能控股集团董事局主席李河君宣布，将在未来 5 年时间捐助 10 亿元，用于甘肃民勤县防沙治沙专项行动。民勤县地处河西走廊东北部，东、西、北面与内蒙古阿拉善盟接壤，被巴丹吉林沙漠和腾格里沙漠包围，生态区位极为特殊，是中国主要沙尘暴策源地之一，境内沙漠化面积达 89.9%。民勤县是连接国家"丝绸之路经济带"的重要组成部分。2013 年习近平总书记在甘肃考察时明确指示："确保民勤不能成为第二个罗布泊。"汉能将于 2020 年之前累计投入10亿元用于该地区生态保护。李河君说："汉能始终积极参与社会公益事业，推动社会和谐。20多年来，汉能始终致力于通过清洁能源来推动社会的变革和发展，而积极投身环境保护事业更是汉能对社会的郑重承诺。"

9月18日，在第四届中国公益慈善项目交流展示会上，北京巧女公益基金会携公益项目和团队首次亮相公益界。而作为基金会创始人，北京东方园林生态股份有限公司董事长何巧女承诺向北京巧女公益基金会捐赠本人所持有的北京东方园林生态股份有限公司7630万股股票。以当日股价计算，其所捐赠的7630万股股票市值达到了29.23亿元，而捐赠方式则为本人减持股票后的现金捐赠，根据项目进展逐年拨付。

12月21日，上海复旦大学教育发展基金会与泛海公益基金会签约并宣布，复旦大学经济学院校友，中国泛海控股集团董事长、党委书记卢志强通过泛海公益基金会向复旦大学整体捐赠7亿元。其中，1.5亿元是在2015年5月27日复旦大学建校110周年时捐赠，部分用于经济学院新大楼和高级金融学院的建设；5亿元用于成立"复旦泛海中心"项目，包括支持复旦大学经济学院、复旦泛海国际金融学院、复旦大学创新创业学院、社科交叉研究中心以及若干其他教学科研机构的发展；另外5000万元设立的复旦泛海国际金融学院发展基金，也是用来支持该学院的筹建和发展。这是复旦大学历史上最大一笔来自校友的单笔及累计捐赠，加上在此之前向复旦大学捐赠的4000万元，卢志强已经累计向复旦大学捐赠了7.4亿元，这让他跃居2015年中国大学最慷慨校友排行榜亚军，仅次于北京大学校友、中坤集团黄怒波，后者截至2015年累计向北京大学捐款10亿元；复旦大学也因为这笔捐款，在获得校友捐赠资金总排行榜上超过中国人民大学，位列第四，而前三位分别是北京大学（20.17亿元）、清华大学（13.89亿元）、武汉大学（11.29亿元）。

除上述大额捐赠外，森马集团董事长捐赠 3.36 亿元，其中 3 亿元将通过瓯海区慈善总会全额定向用于修建总占地面积 150 亩、总建筑面积 6.56 万平方米的温州森马学校；万达集团董事长王健林现金捐赠 3.6 亿元用于公益慈善事业；阿里巴巴集团董事局主席马云累计捐赠 2.3472 亿元，其中向杭州师范大学捐赠 1 亿元设立“杭州师范大学马云教育基金”。

综观 2015 年慈善家的大额捐赠，当数何巧女市值 29 亿元的股权捐赠为最大额，而在 2014 年，马云则以 124 亿元股权捐赠成为当年首善。连续两年的最大额捐赠都以相同的股权捐赠的方式呈现，足可见这一新型的捐赠模式已经越来越被慈善家喜爱。

慈善事业的发达程度代表着一个国家文明的程度，我国的慈善事业取得如此瞩目成就的背后，是那些愿意带头将自己的财富、精力贡献出来以推动慈善事业发展的个人和企业家，尤其是企业家，他们对于慈善的关注和投入，往往能够给慈善领域产生巨浪般的影响力。

这些企业家用自己独特的方式给慈善注入力量。他们或将巨额财富直接捐赠回报社会；或以股权捐赠的方式和资本市场的手段来为慈善领域注入更多的活力；或利用在商业上取得的巨大影响力，来影响和关注社会公共领域；或在进行常规捐赠的同时进行创新，将商业手段引入慈善，掀起“以商养善”的革命。

（一）黄如论：低调的“首善”

黄如论，世纪金源集团董事局主席，是中国最大房地产商之一，也是闽商慈善家代表人物之一；既是地产大亨，也是慈善绅士。他为人所称道，并不是因为他的财富，而是因为他的“善行天下”。

黄如论多年以来的捐赠持续而有分量，几乎每年捐赠额都过亿元，连续7次荣登“中国慈善榜”榜首。其中，最大笔的捐赠是历年为老家的福建科技新馆捐赠的9亿元，另外为清华大学博物馆历年共捐赠2.5亿元，历年总捐赠额超48亿元。

做企业先做人

闽系房地产商代表人物黄如论低调入骨、从不张扬，但实力却深不可测且充满神秘感。他凭借资本腾挪，以四两拨千斤之功，始终立于不败之地。他从无任何负面报道，甚至关于他的新闻也是少之甚少。他并不是一个善于和媒体打交道的名人，也远离舆论的风口浪尖。也正是他“讷于言、敏于行”的态度，赢得了世人的敬意。

在他的身上，人们总觉得有很多神秘之处。不过，这些神秘是否能解开，现在看来其实已经不那么重要了，重要的是从黄如论身上我们看到了一个富豪如何面对成功和社会责任。

“事业成功了我就应该用更多的财富支持社会的发展，支持那些应该帮助的人，为他们多做点好事。好人总有好报。”谈及做慈善的初衷，黄如论总是用最直白的语言表述，“做我应该做的事”，相信“好人总有好报”，“财富是生带不来，死带不去的”。

做企业、做事情，总归先做人。而黄如论一直坚持的是每个人都明白的道理、人人从小都会学到的基本美德，但这些坚持一辈子却不易。黄如论的办公室里挂着一幅他自己写的字，也用来时时提醒自己：

“诚信乃创业之本，育人为立国之基，融二者为一体，自能运筹帷幄、决胜千里。经营之道贵在把握时机，既要勇搏善战，又需严谋明断。创业与守业不仅要审时度势、缜密的思考与果敢的追求，还须时刻谨记守信用、重诺言，做事诚恳，饮水思源，不见利忘义，方能信孚中外、近悦远来。正直的人，也是诚恳的人，他一言九鼎，说到做到，同时还应承担社会道义之责任，古今中外皆然。”

“我是穷苦人出身的嘛，家里原来很穷，但是今天的成功，也靠着政策，改革开放的政策，也靠着这个社会对我的支持。所以说事业成功了，也不要忘记曾经帮助我的人，也不要忘记需要我们帮忙的人。”今天的黄如论，可以把成功和行善轻描淡写地一句话概括，可是这背后却是一个又一个人生经历和他从中坚守的一个又一个简单又不简单的价值观。

树立企业品牌

黄如论出生于福建连江一个小渔村，从小由祖母带大。老太太信佛，多年中反复告诫他：“不要骗人、害人、欺人、诈人”，“慈悲为本”。从农村走到城市，黄如论结识了很多退休的老干部，从他们那里，他学到了“临危不惧，说到做到”。

黄如论从小就在耳濡目染的过程中，牢记了一个最简单质朴的道理：“什么是好人？人嘛，做人不是金钱多了就是好人，他最主要的是一种热心、爱心，爱这个国家，爱这个社会，爱这个人民，这才是一个真正的好人。”

那一代成长起来的人，大多经历过贫穷、辍学，年纪不大就走向社会。黄如论刚读到小学六年级就被迫辍学，丧失了继续念书的机会。1986 年，他只身前往菲律宾淘金。“记得那时候没有知识的我在异国他乡寸步难行。因为不懂英语，进出海关面对全是英文的卡片我非常尴尬。”

1991 年，他返回家乡，开始投资房地产业。创业之初，全部人马 8 个人，但历经数年，很快发展成为福建最大的私营房地产商，并开发了系列经典之作——福州的国泰大厦、金源花园、金源大广场、乌山大厦、民安花园、晋河新村、金晖新村和福州会展中心，以及南昌的桃苑大厦、南昌金源国际商贸中心和海联大厦。

“当时，世纪金源的规模还不能与今天同日而语，但是，祖国和人民依然给了我支持与鼓舞，这种浓浓的血脉亲情深深感动了我。我想这份感动，在我有生之年都无法忘记。”黄如论感慨地说。

20 世纪 90 年代末，黄如论的世纪金源集团将重心转向北京市场。目前世纪金源集团正在向饭店和商业领域扩张，已拥有多家五星级饭店。2008 年，黄如论有两个大动作：矿业开发和旅游地产开发。为此，黄如论采用控股收购“华侨大厦”的模式，在云南省腾冲收购一家私营采矿企业，按照“世纪金源集团”的操作模式加以改组。这样一来，“世纪金源集团”就产业规模和内在的容量而言，已经形成了房地产开发、星级大饭店、大型购物中心、金融资本运作、矿业开发和物业管理六大支柱产业。

对于世纪金源的成功，用黄如论的话来说，“没有奇迹，是智慧和勤劳所致”。每到一地投资，集团都是一直秉承“不囤地、不圈地、不炒地”的原则，用最短时间完成开发项目，用合理的价格销售项目。这样的企业势必会赢得社会大众的信任和支持，企业品牌也随之树立起来。

大手笔投入

事业成功的同时，黄如论也开始了他的回报。“这辈子赚的钱，下一代都花不完。既然如此，那就多做点慈善吧，帮助那些真正需要帮助的人。”黄如论对自己的财富有清晰的规划：总值的 1/3 用来做慈善。

“企业做小了是自己的，做大了就是社会的。”一次活动后，他对《公益时报》表示。黄如论非常平静，正如他平常所言，金源集团发展壮大到今天这个地步，金钱对他而言只是一个符号，再多的钱也是一样。捐给社会，他所追求的是一种境界。

黄如论一直坚定地认为他的成长得益于父老乡亲的滋润、养育和关爱。因此他在富裕之后，乐于回报社会，特别是乐于回报养育他的故土和父老乡亲。这种回报也是故乡故土教给他的“要做一个好人”。黄如论说：“不能说我的捐赠一定能够解决很大的社会问题，但我还是很高兴地看到，许多受我捐助的人渡过了难关。许多孤儿的生活因此过得好一些，许多失学的儿童在我捐建的学校读书，许多孤寡老人因为我的帮助晚年感受到了温暖幸福，我为此感到很欣慰。”

黄如论总是记得自己在该念书的年纪没有很好的受教育机会，所以暗自发誓：“如果有一天我飞黄腾达，一定不能让我的孩子没有文化。”他也总记得，在菲律宾举目无亲时也得到了很多人的帮助。“我追求上进，人家喜欢帮我，就像一个学生肯读书，老师就喜欢教你嘛。”发达之后，当初帮过他的人都得到了回报。“饮水思源，以德报德，别人支持我1，我支持他10。不报答，那成了什么人啊?!”因此，黄如论在乐善好施的过程中，又格外注重教育。他不希望在现在的社会当中，还有孩子上不起学。“我不希望孩子因为读不起书而耽误前途。看到没有书读的孩子，我会心酸。”

正因为这种心态，黄如论做慈善每次都是大手笔，至少是千万元起步。千万元级别的有福州会展中心、连江黄如论中学、云南省教育事业、重庆市教育事业、人大“如论讲坛”等，上亿元的包括江夏学院、中原艺术堂……

2005年12月23日，以5000万元的原始资金，黄如论注册了自己的非公募基金会——福建江夏慈善基金会。和黄如论本人的行事风格极其类似，关于基金会的宣传少之又少。据基金会中心网数据显示，2014年福建江夏慈善基金会公益支出约为414万元，为“中国最慷慨的10大个人背景基金会”之一。

造血式慈善

尽管一直在大手笔行善，黄如论一如既往地低调。2008年“汶川地震”后，他个人及企业捐出总额超过2.3亿的善款，但却不愿意去央视举牌。黄如论始终不想太张扬，他说："在我困难的时候，我得到过别人的无私帮助，所以我知道困境中伸出一双援手意味着什么。"

近几年，黄如论的职务中有中国慈善联合会副会长、福建江夏慈善基金会会长，同时也兼任多个慈善组织的顾问，他很开心在慈善领域有个"一官半职"。"应该说慈善是对教养的提升，真正的慈善家也不是说应该捐多少钱，只要每一个人都有爱心，都有去帮助人的举动，他都算慈善家。有力的出力，有钱的出钱，慈善的工作是各种各样的，但都体现你的爱心。"

除了巨额的捐赠，黄如论还在进行着慈善的创新。黄如论对慈善的创新除了上文提到的成立个人基金会，还表现在对"造血式慈善"的探索。在以传统的"支票簿"式捐助和社会组织捐赠外，黄如论先生积极尝试更具时代性和可操作性的慈善新模式。他将以往的"输血式慈善"变为"造血式慈善"，大大提高了慈善效益，深受地方政府、社会和老百姓的支持。

"授人以鱼，不如授人以渔"，是中国传统文化中对于慈善的深层次思考。2008 年，在国内房地产市场表现低迷、企业资金周转极为紧张的情况下，黄如论依然向云南省一次性捐赠 1.8 亿元。在这笔巨款中，除了传统的助学、养老之外，还包括了扶贫项目，即帮助临沧云县推广核桃种植，增加农民收入。

项目落户临沧云县后，种植核桃农户达 7 万多，种植基地面积达 148 万亩，成为亚洲最大的核桃种植基地。2009 年，为打通核桃销路，黄如论再一次投资 5.7 亿元在临沧建设核桃食品加工厂，成立云南汇智源食品有限公司。

公司成立至今为当地贡献纳税 600 万元，为当地提供了 87 个工作岗位。当地核桃价格平均每年增长 10%—15%，农民因种植核桃每户平均每年增收 7000 元。

黄如论的捐赠此举，被誉为“造血”式扶贫，意思是将以往给钱、给物的“输血”模式，变为帮助当地培育经济增长点，进而具备“造血”能力的扶贫模式，让善款和善心成为一颗种子，在捐助和被捐助双方的共同努力下，成长为能够改善当下、福泽后人的真正善举。

黄如论认为人生的幸福有三个方面：第一，拥有完美自我，获得事业成功；第二，与社会、与他人和谐共处；第三，拥有幸福的家庭。“人活一世，谁都渴望有成功的事业、健康的身体和幸福的家庭，经过努力，这些都可以拥有。但时光的流逝却是人类无法抗衡的，所以我认为，人生真正的意义和价值，在于道德的长度和良知的宽度，在于为他人和社会奉献了什么，有了这些有品质的思想，才能成就真正有品质的人生。”黄如论说。

黄如论自言以后不会留给后代很多家产，大部分会捐给社会。他最大的希望，就是在自己老的时候，能走到那些捐建的学校去看看。“这是个不会磨灭的纪念。”黄如论说。

（二）曹德旺：开创股权捐赠先河

曹德旺不仅成功地将企业做到了巅峰，在慈善界也是声名远扬。被誉为“慈善大王”的他，不仅突破法律空白创立了股权捐赠模式，还与国务院扶贫办下属的中国扶贫基金会签署了“史上最严苛”的协议，开创了公益问责的先河。他更是在公益时报社主办的“中国慈善榜”上，2010、2011两个年度身居榜首，获“中国首善”称号，坚持慈善33年累计捐赠达70亿元。

签“史上最严苛”捐赠协议

曹德旺这位中国的“玻璃大王”，现已是业界公认的霸主，在中国大街上所跑的汽车中，每3辆中就有2辆的玻璃来自他的企业，他的产品在中国占据70%的市场份额。

随着企业的日益壮大和财富的积累，曹德旺的捐款清单不断延长，数额也越来越大。截至到目前，曹德旺公益捐赠总额已达70亿元，捐助范围涉及救灾、扶贫、助学、帮困、传承传统文化等各方面。

与众多慈善家不同的是，曹德旺对自己的捐赠很多都会细细追究，甚至亲力亲为。他与中国扶贫基金会签下的“史上最严苛”的协议就是最好的例子。

2009年秋季，我国西南地区遭遇历史罕见特大旱灾，为救助西南旱灾贫困地区的同胞，曹德旺携儿子曹晖捐款2亿元，委托中国扶贫基金会执行，用于支持云南、贵州、广西、重庆、四川五省区市受灾贫困村农户的生产生活恢复。

在捐款协议中，曹德旺的条件十分“苛刻”，要求扶贫基金会在半年内将2亿元善款发放到10万农户手中，并且为这笔通过抛股套现而来的巨款设计了一个全新的制度：中国扶贫基金会负责善款的下发和项目的执行，他本人组织独立的监督委员会对项目的执行进行全过程监督。在善款下发之后，将随机抽检10%户家庭，如发现超过1%的不合格率，则根据合同，可要求中国扶贫基金会按照抽查获得的超过1%部分缺损比例的30倍予以赔偿，最高赔偿不超过一方项目管理费600万元。

若在2010年11月30日后，还有捐赠款没有发放到户，这些善款将由曹德旺全部收回。中国扶贫基金会在2亿元善款中有3%作为管理费，而不是国家允许的捐款总额的10%。

谈起这笔捐款，曹德旺说：“西南地区遭遇百年一遇的特大旱灾，老百姓生活苦得很。我年轻的时候吃过很多苦，知道那种滋味。对于一些偏远山区的农民来说，2000元钱可以说是他们的希望。”

捐赠2亿元善款的同时“问责基金会”，而且要求“苛刻”，不仅开启了中国慈善人士对慈善项目严格要求的大幕，也给更多奉献爱心者提供了监督的方法。这个2亿元捐赠执行合同是中国迄今为止问责公益最大的一个对赌协议，开启了中国公益捐款的问责机制，打造了全程透明的公益模式。

此捐赠协议，对于中国扶贫基金会而言，管理费之低，以及善款发放标准之严格，都堪称空前巨大的挑战。由此，曹德旺作为一个慷慨的、却要求严苛的慈善捐助者的形象，也给公众留下了深刻印象。

开启35亿股捐开先河

2011年，已经是世界汽车玻璃最大供应商福耀集团董事长的曹德旺作出一项决定，这对曹德旺本人甚至中国慈善事业都有着里程碑式的意义。

2011年5月5日，由曹德旺发起的“河仁慈善基金会”在北京成立。他将曹氏家族持有的3亿股福耀集团的股份捐赠给该基金会，过户当天，股票价值人民币35.49亿元。这是中国第一家以捐赠股票形式支持社会公益慈善事业的基金会，为中国目前资产规模最大的公益慈善基金会，并开创了中国基金会资金注入方式、运作模式和管理规则等多个创新。

“我成立这个基金会的初衷，是想带头让中国有些人拿一部分钱出来分给穷人。钱这个东西呢，多了也没用。初衷只是想改变社会的一种文化、一种追求，不是说一定要做什么。”曹德旺如是说。

而河仁基金会中的“河仁”二字出自曹德旺父亲曹河仁之名。这不仅昭示了曹德旺与父亲之间的情感联系，也揭示出曹德旺所推崇的经商、为善境界。

同样作为全国政协委员的曹德旺今年在“两会”中被“澎湃新闻”记者问及，新版《慈善法》中有无涉及对股权捐赠的认定时，他表示："目前，股权捐赠没有说行，也没有说不行，更没有明确所得税谁交，到底是捐赠者交还是受助者交。美国是这样做的，主要看你捐给谁，如果你捐给别人开公司当然要交了，但你如果捐给孤儿院就不用交了。所以还是回到税制改革，这是最明了和简单的办法。"

曹德旺是这样定义"慈善"的，他认为："慈善是一种修行。其实做事不难，首先要做人，谦虚、诚实、宽容、包容，乐善好施，尊老爱幼，这些做好了，做事就不难。我最初做慈善时，他们问，有什么目的？我的目的就是通过做慈善来修行，提高我的境界。"

慈善是人生态度

说到慈善，小时候父亲的教导造就了曹德旺最早的慈善观。

曹家几代经商，曹的曾祖父曾富极一时。而到了他爷爷一辈，逐渐没落。后来，曹德旺的父亲和舅公又重新将事业做起来。曹的父亲曹河仁曾是上海永安百货的股东之一，因时局动荡，举家迁回老家福建。不料运输家产的船沉没，曹家瞬间一贫如洗。

曹德旺曾对媒体说："我小时候跟我爸一起做生意，他有空就讲这些道理给我听，虽然我爸也没有读过很多书。"父亲对他说过的一句话至今令曹德旺记忆深刻。"我爸跟我讲，如果发现在你家门口躺着一个人，第一件事情要把他扶起来，问他要不要喝水，有病要送到医院去。这是做人起码的道理和准则，要学会同情、理解人家。"

父亲的话造就了曹德旺最早的慈善观。成年后为了谋生，曹德旺种过白木耳，当过水库工地炊事员、修理员、知青连农技员，还倒过果树苗。早年的这些苦难，让曹德旺过早地体会到了人世间的冷暖，也磨砺出他越发坚韧的性格。他坚信，靠勤劳的双手能改变命运，他要让全家人"把日子过得好一点"。

福耀玻璃的前身是创办于 1976 年的福建福清市高山镇的一家乡镇企业——高山异形玻璃厂。1983 年 4 月，曹德旺承包了这家年年亏损的乡镇小厂。其实，早在创业伊始，曹德旺就已经开始做慈善。30年来，曹德旺专心在汽车玻璃领域发展，没有涉及过任何其他领域。而自己曾经吃苦的经历，在曹德旺对孩子的培养过程中也留下很深的烙印。如今已经接班的大儿子曹晖，自十多年前进入福耀集团，便从底层的车间做起，与工人同吃同住。如曹德旺给予儿子曹晖的培养一样，父亲给予曹德旺的记忆也很多。

作为中国改革开放以来创业最早的企业家之一，曹德旺累计捐赠达 70 亿元。他的捐资幅度随着自身实力递增呈同步上升态势。

在曹德旺看来，慈善远远不是大把捐款，慈善更是一种人生的态度，是一种修行。真正的慈善，应该是让自己活得更好，让家人活得更好，让员工活得更好，让社会获得更多的回报，让需要救助的人得到救助。

（三）牛根生：中国慈善界第一人

老牛基金会 2015 年的年度捐赠收入为 15 亿元（1533989006.31 元），年度总支出为 1.8 亿元（184739111.96 元）。其庞大的收入和支出数额，让人注目。在 2014 年，同样凭借着不凡的收入和支出数字，老牛基金会在 TOP10 非公募基金会排名的榜单中，位居榜首。

老牛基金会是蒙牛乳业集团创始人，前董事长、总裁牛根生于 2004 年 12 月 28 日发起设立（前身为“内蒙古老牛公益事业发展促进会”）。老牛基金会已与国内外 142 家机构、组织及个人合作，在环境保护、文化教育、行业推动及救灾帮困等业务领域开展了 171 个公益慈善项目，遍及中国 29 个省（自治区/市）及美国、加拿大、英国、法国、非洲、尼泊尔等部分地区；公益支出达 9.8 亿元。

裸捐做公益

“在讨论了一系列‘怎样挣钱’的迷人话题后，我来谈的却是一个‘如何花钱’的话题。”这是牛根生在哈佛大学演讲的开场白。他是第一个受邀在哈佛大学讲企业社会责任的中国企业家。

牛根生说：“中国有一句古语‘己所不欲，勿施于人’。一个人为社会承担责任的最基本方式，就是不要把自己不喜欢的东西带给别人，不给自己生活的环境造成负面影响。对于当今中国的企业家来说，要求应该更进一步，那就是‘己所欲，施于人’。”

他这么说，也是这么做的。自从1999年创立蒙牛时起，牛根生就把他的薪水分享给员工、合作伙伴和亲朋好友，还帮助社会困难人群。2004年12月28日，由牛根生捐资发起的老牛基金会在内蒙古自治区民政厅登记注册。当时“蒙牛”刚刚在香港上市不久，很多人对他的做法不理解。“早在2002年，我就考虑成立基金会，那是一个艰难的过程，几经反复。”牛根生回忆说，“在作出这个决定后的一年里，我体验到了一生中都不曾体验过的快乐，一种超然的快乐。我心里很踏实，不担心别人恐吓，也没有了别人对我‘疯狂追求财富’的误解，孩子找对象也真实了。”

2005年1月，他携家人宣布将其持有蒙牛乳业的股份及大部分红利捐出用于公益慈善事业。这一开创性的慈善举动，使老牛成为“全球捐股第一人”，并于2010年被中国慈善排行榜授予“中国慈善事业终身成就奖”。同时，他开始携全家全身心地投入到公益慈善领域。在他的影响之下，其家人分别致力于老人关怀（妻子申淑香）、环境保护（儿子牛奔）、文化教育（儿媳陈霄鹏）以及儿童关怀（女儿牛琼）；去年3月，儿子和女儿还共同发起成立了“老牛兄妹公益基金会”，进一步扩展家族慈善事业。

北师大中国公益研究院院长王振耀说：“从一个世界著名的企业

家转变为专职的公益慈善家，以企业家的创新精神从事慈善事业，将商业精神与公益慈善完美结合，牛根生先生实在是中国慈善界第一人!”

2012年12月，牛根生、彼得·巴菲特、佩姬·洛克菲勒、埃利奥特·当纳利等各界慈善公益人士齐聚北京，在短短两个小时的会面中，一起畅聊各自家族慈善事业的发展现状，探讨家族慈善事业运作的经验，分享各自家族在慈善领域中做出的成果。

牛根生分享了与家人一起参与慈善事业的快乐经历，同时提到作为慈善家应该学会感恩：“施者应该向受者感恩，如果没有缺陷没有灾难，如何能表现出施者的作为?”正是这句牛根生长期秉持的慈善观引起在场各位慈善家的共鸣。

保护自然财富

从2010年起，牛根生创立的老牛基金会陆续联合中国绿色碳汇基金会、大自然保护协会（TNC）及内蒙古林业厅启动了“内蒙古盛乐国际生态示范区”项目，着手内蒙古近4万亩荒山的生态修复和植被恢复。目前项目建设期已结束，荒山生态已得到改善，周围出现了狐狸、鸿雁、凤头麦鸡等数十种野生动物。2015年年末，已经种植301万株乔木。

“水对于内蒙古这个地方是非常珍贵的，如何留住水分对于这一地区的生态修复和植被恢复至关重要。”在他看来，资金投入并不是最大的问题，“总会有先知先觉的人投入进来”。在他看来，做环境修复一定是权利、责任、利益要一致才能迅速推进。

从一名养牛工人到中国乳业巨擘，与牛打了一辈子的交道，如今的牛根生在蒙牛为自己乳品行业职业生涯画上句号的同时，又开启了另一件与牛有关的事业：保护草原、保护环境，这也许是老牛与牛之间缘分和情结的另一种延续。

在老牛看来，慈善已从扶贫济困、赈灾援助、社会福利的领域扩展到关爱自然、关爱地球。让“天更蓝，山更绿，水更清”，成为他从事公益慈善活动的重要目标之一。他说：“我对自己的人生做了个规划，前半生经商，通过度己来度人；后半生行善，通过度人来度己。”

8670万元，是老牛基金会在2014年为一个环保项目——“内蒙古盛乐国际生态示范区”项目——投入的资金总额。在环保欠账屡见不鲜、环保公益诉讼艰难前行的当下，这样的大笔环保投入在公益慈善领域乃至商业领域都极为罕见。牛根生，创建了一个在中国堪称伟大的家族基金会。

牛式慈善

从事公益慈善事业，牛根生也有自己的“老牛理论”和“牛式慈善”。

“穷则独善其身，达则兼济天下。”千年传承的公益慈善理念，给了牛根生很大的鼓舞和启示。从零起步创办蒙牛，随着企业的发展，让他获得了很多光环，可以说是“拿得起”；他一直强调，做生意需要年富力强，做公益也不能“七老八十”，于是适时淡出蒙牛，让出这个舞台，开启他50岁之后的人生规划，可以说是“放得下”；携家人将蒙牛股份捐出，投身公益慈善事业，可以说是“想得开”。他以“儒、释、道”思想来诠释对“中国式公益慈善”精髓的理解，并探索一条“中国式现代慈善家族基金会”发展之路——于是，一个依托“慈善信托”的“家族基金会”雏形就此诞生。

牛氏家族一直致力于通过“推动慈善立法、人才培养、国际交流”“设立并支持研究机构”及“创办慈善论坛”等项目活动促进公益慈善行业整体发展。他们在行业推动领域开展了“资助北京大学慈善立法研究”，发起成立“中国公益研究院”“深圳国际公益学院”“深圳壹基金公益基金会”，发起“首届东西方慈善论坛”，资助“首届中国慈善论坛”，支持“华裔美国人及中国慈善家慈善事业研究”等31个项目，公益支出近亿元人民币。

同时，还致力于依托“环境保护”和“文化教育”两大领域，探索“公益全球化、项目国际化”的慈善之路：与美国洛克菲勒基金会、比尔及梅琳达·盖茨基金会、亨利·保尔森基金会、大自然保护协会（TNC）、亚美公义促进中心（洛杉矶）、米尔肯研究院、百人会、新能果、夏威夷东西方中心、夏威夷儿童探索中心、哥伦比亚大学；英国查尔斯王子慈善基金会、托尼·布莱尔非洲治理倡议（AGI），法国戴高乐基金会、艺术8，加拿大多伦多大学、蒙特利尔大学，李嘉诚基金会、周大福基金会、壹基金等众多国际著名慈善家族和机构进行交流与合作。牛氏家族希望通过与众多国际伙伴的合作，整合更多的慈善资源，促进彼此间的学习、交流与合作，从而推动国际公益慈善事业的发展。

老牛的新希望

2011年11月，在北京师范大学中国公益研究院组织下，包括牛根生在内的一批中国企业家赴美考察参访。在参观美国大自然保护协会的环保项目时，牛根生被夏威夷儿童探索中心的儿童博物馆深深打动了，他觉得眼前所看到的一切彻底颠覆了自己五十几年来的观念。

孙女外孙女这一代人没有机会享受到如此的教育认知启蒙，子女这一代人也同样没有；自己这一代人就不用说了，压根儿没见过，更没想过。如果能在中国建立这样的好项目，至少可以改变三代人，这种公益的投入是再划算不过了。他认为，这是他进入公益领域后百年不遇的好项目。

牛根生从夏威夷回来后，立即召开老牛基金会高层会议，并决定一定要让女儿、儿媳和基金会理事、高层人员专门去美国全面考察博物馆项目，并通过项目论证，全面引进美国教育理念和方法，在北京和呼和浩特市首建两家示范性儿童博物馆。

有了这样的设想后，他就主动联系老朋友、中国公益研究院院长王振耀，拿出在夏威夷儿童博物馆参观的照片，形象地描述冲击他内心的一个个片段：我在博物馆一边骑自行车，旁边就是我骨骼运动的图像，然后场馆辅导员就会告诉我哪个部分是什么骨，它的功能是什么，这是我一辈子都不知道的，我也相信这是小朋友们在课堂上无法直观体验到的；还有，他们带我进去了一个房间，这个房间就是人类的整个口腔，我看见一群小朋友拿着像拖把一样的牙刷在刷牙。啊，真的难以想象！然后工作人员会告诉小朋友生活中应该怎样刷牙，人类牙齿的结构是什么。

在那一刻，牛根生这样一位著名的大企业家、大慈善家，就像一个天真烂漫的小孩子：有憧憬的梦想，更有无尽的活力。

像儿童一样，不断追求梦想与希望；像老牛一样，在事业的磨砺和历练中不断超越。这，也许就是牛根生的人生写照。

（四）许荣茂：善者茂盛

许荣茂是成功的企业家，更是大爱无疆的慈善家，在以四川为主的多个省份的贫困地区建立了百家“世茂爱心医院”，携手海内外众多企业家创办“中华红丝带基金”和香港“新家园协会”……

20余年来，他始终致力于公益慈善事业。他帮助别人不为锦上添花，只为雪中送炭。在第十一届（2014）中国慈善榜上，许荣茂以3.7亿元的捐赠获新一届“中国首善”称号。

夫为善者，内心茂盛。在社会公益领域，很多人好奇全国政协经济委员会副主任、中国侨联副主席、世茂集团董事局主席许荣茂太平绅士的心中，究竟拥有一幅怎样辽阔的公益蓝图。

慈善是终身事业

“慈善公益是体现一个社会和谐、国民进步的标志，我会竭尽全力，将慈善作为终身事业，希望为社会作一些贡献。慈善无论大小，只要尽心，身体力行，都是值得肯定和推崇的。”许荣茂说，我们有很多的慈善项目是通过互相鼓励、互相号召走到一起的。所以我也希望号召更多人和更多社会资源参与公益事业，为那些需要帮助的人们做些实事，为社会的和谐稳定贡献自己的一份力量。

许荣茂是在获得第十二届（2015）中国慈善榜“中国慈善领袖”称号时发表的上述言论。

许荣茂是有感而发，他的发言，都是他实际行动的写照。2016年，4月10日，许荣茂出现在四川雅安，他是来参加“世茂侨爱钟灵社区医院”授牌仪式的。在3年前，“4·20”雅安芦山地震发生后，许荣茂捐资500万元，参与修建社区医院。

首次到访的许荣茂表示，捐资500万元参与修建社区医院，就是为了让偏远地区更多的民众医疗卫生服务得到更好保障。

“当时在电视中看到很多人受伤了，我想在这个地方的医疗条件可能需要改进，所以我们首先就想到捐建这家社区医院，帮助周围老百姓解决病伤。另外，帮助偏远地区提升医疗卫生设施，让更多人的身体健康得到保障，这是我当时的一个想法。”许荣茂表示，下一步将考虑如何提升乡镇医疗卫生服务水平，不断更新设备和培养医务人员。

“我们希望今后和医院多沟通，比方说请乡镇医生到上海和北京培训，或者我们把北京、上海的专家请到这里来，提高他们的医术水平。”许荣茂说。

早在2008年“5·12”大地震时，许荣茂就关注震区的医疗卫生设施建设，捐赠1.1亿元人民币，向地震中受灾最为严重的乡镇捐建百家“世茂爱心医院”，并无偿捐赠给当地政府，力图为乡镇群众提供安全、有效、方便、价廉的基本医疗卫生服务。如今，“世茂爱心医院”已超过百所，遍布四川、云南、甘肃、陕西等省市，覆盖人口达2000万。

近年来，世茂对爱心医院的公益行动一直在持续，包括邀请专家医生赴边远贫困乡镇义诊，带领多地乡镇医生赴大城市三甲医院培训，派志愿者赴爱心医院实地考察医疗卫生需求，等等。许荣茂正在研究以更好的方式继续帮助改善西部农村医疗条件，提升乡镇医院软实力。

“不为锦上添花，甘做雪中送炭。”许荣茂曾说，“乡镇医疗卫生服务直面广大农民，要看到他们的根本需求，为他们做更多实事。

梦想照进民众现实

从“让更多人享受基本医疗服务”的国之善长，到关爱艾滋病致孤儿童、城市务工人员子女的社会实践家；从努力使“居者有其屋”变现的城市关怀者，到让“新赴港”人士尽快融入香港社会的地方贤达……慈善路上，许荣茂公益事业的成长迅速而深刻。当单纯而执着的善者情怀与家国天下的达者壮志相交，梦想便照进了更多民众的现实。

除了建“世茂爱心医院”，出身于中医世家的许荣茂，一直有“医者仁心”的情怀。2005年，在全国工商联的领导下，许荣茂联合20多家民营企业发起成立了“中华红丝带基金”，宣扬防艾抗艾的健康理念，救助艾滋病致孤儿童。“红丝带健康包”、“红丝带栋梁班”、“中华红丝带家园”等一系列活动，将“红丝带”的温暖带给越来越多的人。作为基金执行理事长，许荣茂亲自带队赴四川、新疆、河南等地的艾滋病重灾区，为那些社会弱势群体带去温暖和希望。

中华红丝带基金使中国的防艾抗艾事业步入一个范围更广、规模更大、层次更高的阶段。

许荣茂关注的慈善领域广泛：香港的新移民问题，流动儿童的教育问题，企业员工的志愿精神的培育问题，许荣茂都在身体力行地关注和投入。

香港的经济发展和社会稳定一直是许荣茂心中所系。据统计，香港回归至今，约有 80 万人从内地移民香港，但由于受到文化背景、教育程度等因素制约，他们在融入香港新生活的过程中会遇到很多问题。为此，2010 年许荣茂牵头成立了新家园协会，并出资 6000 万元，为内地赴港新移民提供生活、教育、培训、工作等一条龙服务。

成立 3 年来，协会会员人数由 2010 年底的 1500 人发展到近 7 万人。新家园协会希望能吸纳 10 万会员，成为香港最大的社会团体之一，为香港的稳定繁荣贡献力量。

在流动儿童的教育问题领域，许荣茂先后设立四项公益基金，还资助多个高校助学项目，建设几十所希望小学、侨心小学、光彩小学。此外，他一直关注 2000 多万“城中村”流动儿童群体。许荣茂开创“城市梦想”系列活动，聚焦外来务工人员随迁子女，帮助他们树立信心，健康成长。

2013 年夏天，在上海举办的首届世茂“城市梦想”夏令营中，许荣茂带领孩子们游览上海，亲近自然，让孩子们更好地融入城市。他还发起了一系列包括“城市梦想”助学活动、“城市梦想”爱心假期活动在内的公益行动，为孩子们带去希望和爱。

不仅许荣茂在捐赠做公益，受他的影响，公益慈善理念已经成为世茂企业文化的重要组成部分。在许荣茂的带领下，“世茂志愿者行动”的规模不断壮大，2012 年世茂志愿者队伍更名为“三年Ⅲ班”。许荣茂时常与志愿者亲切交流，并提出殷切的希望和中肯的建议。未来，“三年Ⅲ班”将发起员工公益孵化平台，帮助更多员工完成公益梦想。

许荣茂曾说："我会把慈善事业当成终身事业。"在这位仁爱长者的带领下，世茂在企业公益的路上坚定地前行。

（五）钢子："以商养善"引领公益变革

2016年新春，一场名为"种子之旅"的巡回演讲马不停蹄地在各地展开。一次主题为公益慈善的演讲，竟能踏遍各省，场场爆满，前来一睹演讲人庐山真面目的粉丝团有11万成员之巨……放在公益慈善界，不得不说这是个不小的奇迹。

这个奇迹的创造者是钢子。作为一直从未透露真实姓名的"网络首善"，"中国十大慈善家"，钢子以屡次补齐捐款请求成名于微博，又用"钢子壹起捐"的理念带动大批"钢丝"参与公益慈善、宣传"全民慈善"理念，再于2015年发起"公益创投·义利兼顾"钢丝小天使计划，推行"以商养善"模式。

中国公益研究院院长王振耀认为，作为民间慈善家的钢子，在慈善领域进行了"变革性"的开拓。

从2015年下半年开始，钢子在2015年年底密集在全国多个省市开展"种子之旅"。每到一个地方，钢子就开始他的演讲。他开始打破自己的神秘感，希望通过"种子之旅"，宣传"以商养善"的理念，将钢丝善行团的种子在全国各地生根发芽。"就是要在大家心中留下一个印象，公益慈善不用这么辛苦，是可以大家凝聚在一起，让自己生活有所改变。"钢子说。

"壹起捐"改变中国慈善格局

自2001年，钢子就以匿名捐款的形式参与慈善，从未间断。由于新媒体的广泛传播而留下不少佳话，"补齐哥""网络首善""慈善家”等美名，都是对他十余年来大手笔付出的赞许。

但令钢子感到失望的是，在他所参与和见证的中国当代公益的起步与发展中，许多公益参与方正如这些看似高不可攀的美名一样，只不过是镜花水月，与众人的期待相去甚远。

以当年的汶川地震赈灾为发端，国人公益热情的迅速增温有如那场“大炼钢铁”，一时间，“捐款”“公益”都成了热门话题。但在行业发展需求火热的同时，资金缺位、供需失衡、效率低下、生态不调等一系列初期问题一直未得到解决。

2013 年 4 月，钢子曾在微博中留下这样的只言片语：“蹒跚的行程注定漆黑无光……为了那寥寥的指路烛光，继续安静地傻痴织网。”虽然略显无奈，但文末点出的“织网”二字正是钢子酝酿个人慈善理念的发端——编织一张大众慈善的网。

钢子提出“慈善纯公益”的概念，以粉丝为基础创建志愿者机构“钢丝善行团”。钢子和他的慈善团队通过“钢丝善行团全国万里行”等形式行走全国，通过讲演、就地行善等诸多方式，宣传钢子的“壹起捐”“全民慈善”理念。钢子发第一条微博时，粉丝不到一百人，如今，钢子的粉丝已经有 345 万。其中，有数以万计的网友追随他每天参与“壹起捐”，数额巨大。倪萍、邓飞等众名人开始关注并响应他。“壹起捐”的声势越来越大，且远看不到尽头。

通过“壹起捐”，钢子成功改变了中国慈善的格局，为中国全民慈善、微公益作出了重要贡献。

钢子认为，“钢丝善行团”对中国慈善的改变以及对他本人的改变，都出乎他的意料。

不到三年，“钢丝善行团”在中国慈善界异军突起，现已成为中国最大的民间志愿者组织。到今天，“钢丝善行团”已在全国设立了 90 多个省、市级的网络分会，注册成员超 20 万人，每天参与跟捐的人数比例在 1%—3%。这样的数字足以让人艳羡，许多慈善机构纷纷效仿。

中国公益界一改依赖企业和慈善家捐款的历史，“散捐”“微捐”也成了许多大型慈善机构的着力点，这不得不说是中国公益慈善面貌的一次大转变。

钢子为“钢丝善行团”设立三条铁律：不设立纳捐账户；不经手善款；去钢子化。钢子这样解释设下三条铁律的理由：第一，钢丝善行团是一个没有账户的组织，不设立纳捐账户，不向社会开展募捐；第二，不经手任何善款，这也是为了保证钢丝善行团的纯净性，保证不出现问题；第三，“去钢子化”，他主动放弃了决策权，在所有的跟捐项目上都是由钢丝善行团全国管理委员会通过投票决定的，他一个人决定不了捐款去向。同时，钢子也放弃了一些重要事项的决策权。钢子认为，他也是个普通人，也会犯错误，但是全国30多个委员不会犯错误，至少不会在同一时间犯同一个错误。

眼下，“钢丝善行团”正在第二届管理委员会的管理下有条不紊地前行着。其33名管理委员都经由全国的钢丝志愿者投票选出，其中既有全国人大代表、政府官员，也有清扫马路的底层工人。

对章程严苛的执行，换来了“钢丝善行团”三年来零负面的评价，以及“钢丝”跟捐热情的只增不减。当今中国慈善界则流传着这样一句话：只要接触到“钢丝善行团”，就再也不用担心善款的持续来源。

这话一点不假，“钢丝善行团”中的钢丝志愿者一直跟随“钢子壹起捐”，以每人每天1元钱的方式向有需要的公益组织和个人捐款，而这个队伍仍在不断地壮大。

在2015年的天津爆炸事故发生后，“钢子壹起捐”在捐款中的作用展露无遗——仅用一天时间，全国的钢丝志愿者就为一名事故抢险中受伤的消防员筹得了37万多元的善款。

“一元钱或许在大家眼中微不足道，但要是我们所有钢丝将1元钱的力量凝聚在一起，这个力量将会是十分壮观的。”钢子十分重视每一位钢丝的力量，他说，每一位钢丝都是独立的捐赠人，是脚踏实地的平民慈善家。

“钢丝小天使计划”实现义利兼顾

凭着在慈善界的影响力，就在很多人认为钢子已经取得成功时，他却不满足于此。钢子发现，在中国，大部分民间志愿者组织和志愿者都是凭着一腔热血和理想在支持着公益信念，许多组织的善款及运营经费来源根本无从谈起。

“我相信，只有当这些真正脚踏实地做公益的人变得更加富有，他们才有可能去帮助更多的人。”钢子认为。为了让做公益的人更加富有地去帮助更多的人，钢子有了“钢丝小天使计划”的筹谋。

2015 年 1 月，钢子在国务院新闻办新闻发布厅正式发布推出了“钢丝小天使计划”，为参与捐赠者和被救助者提供免费创业的机会，为慈善公益机构提供可持续的善款来源，使参与者具备持续帮助别人的能力，从而实现“义利兼顾”的可持续公益。

“钢丝小天使计划”包括两方面内容：一是善行产品计划，即成立专业的公益创投管理机构，以商业模式开发产品，提供给“钢丝”进行销售；二是馅饼店实体店计划，由钢丝善行团全额出资，无偿帮助生活困难的钢丝开店。

钢丝善行团首期联合中华红丝带基金、中华思源工程扶贫基金会、“免费午餐”、北京天使妈妈慈善基金会、9958 儿童紧急救助中心这五家公益机构，为他们推出定制的善行产品在全国销售，从而提供可持续的善款来源。

而将实体店聚焦于“馅饼”的原因很简单，就是因为那句“天上不会掉馅饼”的俗话。“我们善行团就要掉一回馅饼！”钢子说。

钢丝小天使实体店计划的第一批受益者是钢丝善行团救助过的家庭，第二批受益者是所有钢丝以及全国所有志愿组织的成员。“哪怕不是钢丝都可以申请。”钢子说。

钢子免费提供创业机会、免费装修、免费培训、免费提供开店资金，并且支付固定工资让需要救助者去经营馅饼店，亏了算钢子的。钢丝馅饼店每卖出一个馅饼就捐出十分钱，钢子说，这是取十分爱心、十分善良的意思。

短短一年间，钢子在全国已经开了近30家钢子馅饼店，在北京、上海、广州、青岛、郑州…… 每天利润达4万余元。“让他们富裕起来，没有后顾之忧地去从事自己热爱的公益慈善事业。”虽然起步不久，但钢子的初衷正在一点点变为现实。

2016年，钢子为全国钢子馅饼店的100多名员工包机去泰国普吉岛，甚至包了一个私人岛屿开年会。除了个人购物，钢子承包了所有吃住游玩的行程经费。

“是不是很幸福?！这些曾经被我们救助过的人，现在变成了终于可以去救助别人甚至可以享受生活的人。”钢子感慨地说。

“钢丝小天使计划”让钢子感受颇多。钢子介绍，在北京建外SOHO开了两家钢子馅饼店，有一家店的店主是“想要奔跑”——王鹏的家人。

“想要奔跑”的王鹏，是最早的钢丝，得了白血病，当时在微博上向钢子求助。钢子将他的项目补齐后就忘了这茬事儿。后来在网上出现不是很善意的声音，结果王鹏就出来帮钢子反驳，并以自身的事情说钢哥是一个好人。后来有天他说自己来了北京，想要见钢子一面。当年钢子自己定了一个原则，那就是不和救助过的人见面。

但王鹏却告诉钢子，父亲带来一袋山核桃，作为“吃货”的钢子没有按捺住吃的诱惑，让司机去取核桃时发现王鹏在北京住院。钢子骑着摩托去医院看到了王鹏，感觉他面如死灰毫无生气，但他看到钢子却十分激动。

当天钢子发了新微博，说送兄弟一朵玫瑰，让他有生的希望。结果发生了一个奇迹，从病房到走廊都摆满了鲜花，医生和护士都说像新房似的。正是因为这份来自全国的祝福，让王鹏的生命延续了七个多月……

钢子曾安排人给王鹏的父母20万元，在这之前，医院医生说要做一个眼睛摘除手术需要10万元，钢子给了；后来王鹏没有抢救过来，他父母拿着骨灰盒走的时候钢子又给了20万元。他们整个家庭为了给王鹏看病，已经负债近百万元。

北京建外SOHO的钢子馅饼店开业，钢子仍然记得王鹏的家人，把王鹏的父母接来，并送他们去培训基地学习。钢子说这个店就是你们家的，亏了全部算钢子的钱，赚了你们来分。

为了纪念王鹏，在建外SOHO钢子馅饼店开业那天，钢子从云南空运了5万枝玫瑰，没有任何商业意味，分发给每一位经过的陌生人，送你一枝玫瑰，祝你开心快乐。钢丝们送了三天，结果在开业那天下雨的情况下，两百多白领在钢子馅饼店门前排队买馅饼，钢子赶紧让人买来几十把雨伞，结果那些人买完馅饼将雨伞放到店门口冒雨离开。

多名钢丝善行团的成员和被救助者已经品尝到了创业的喜悦和经济收获。而这只是一个小小的起步，钢子未来的计划是在全国开数百家“善行产品”的实体店。

“赚更多的钱，救更多的人!”钢子说，他是第一个在公益慈善界喊出这句口号的人。“以前，我们是救急不救穷，但后来我想，‘救穷’可能更有必要。”钢子认为，“让被救助者有尊严地生活，让他也有能力去救助别人，这才能从根本上解决许多社会问题。”钢子更进一步认为，“如果从事公益的人能先富起来，那他们就能扩大救助力量，帮助更多的人。”

“以商养善”解决慈善可持续问题

享誉全国的“钢丝小天使计划”并没有让钢子停下探索的步伐，

相反，他在琢磨更深远、更有影响力的事情。

钢子明白慈善事业的发展离不开国家层面的支持。比如：慈善需要一个更加规范的环境，让捐赠者得到更好保障、得到应有尊重，让求助的人有章可循；尤其针对一些监管的漏洞、欺诈的行为，更需要法律法规来为慈善健康的发展托底。

钢子期待慈善法的早日颁布，同时开始重新布局他的慈善事业。他要做一件利在千秋的大事——为了解决慈善事业可持续发展的难题，他要推行“以商养善”，身体力行地引领并推动中国慈善的变革。

“公益创投·义利兼顾”的“钢丝小天使计划”已经为“以商养善”打下了坚实的基础。通过不断探索，钢子发现其实中国的慈善可以很快乐、幸福地去做。

“我是第一个在公益慈善界喊出赚更多的钱、救更多人的人。”钢子透露，最初联合五大机构时，所有公益慈善机构都震惊了。“但是我们敢这样做，我们还要做得大大方方！”钢子说，“凭的就是正确的创新理念和我们这么多年零负面的口碑。”

这意味着钢子的“慈善纯公益”正式迈向“以商养善”。钢丝善行团有了明确的目标和方向，钢子要把善行团、“钢丝”组建成一个“大粉丝经济圈”。

钢子认为，商业化运作本身并不可怕，关键是要有一套公开透明的管理运行机制，并严格执行，接受监管。“以商养善”的好处在馅饼店计划中已经显而易见，而他此前的经历，也已经给做好“以商养善”积累了丰富的管理经验。

2016年6月，有望重谱平民慈善蓝图的“慈善家商城”APP即将上线，其运营方式将围绕“获利捐赠”展开。简单来说，钢丝善行团成员的所有捐赠等公益行为均可转化为商城积分，用来兑换商品或服务。其目的就是让“壹起捐”操作起来更加方便，同时也为每一位“平民慈善家”提供土特产品销售平台，把“以商养善”的快乐分享给每个成员。具体来说，通过APP，“钢丝”每天跟捐 1 元，会得到积分；宣传慈善理念，会得到积分；参加志愿者活动，会得到积分。而这些积分可以直接兑换钢丝商场的商品，实现好人有好报。

钢子透露，届时会推出多种获利捐赠的运营方式，最简单的一种就是省对省销售的模式。比如，广东对全国各省，全国各省也可以对广东，各种具有地方特色的商品都会在商城陈列，通过钢丝善行团强大的网络和遍布全国的分会进行销售，如此，“钢丝”、分会直接获得销售利润。

钢子强调，会响应国家号召，将一些偏远山区的农产品和重点扶贫项目列为重点销售目标。

另外，钢子的野心还跨出了国门，他还要建立“国对国”的销售模式，目前已经在俄罗斯、加拿大设立了分会，还跟中侨联达成了战略合作框架协议，届时可以在全世界多个国家设立分会，将中国特色的产品销往国外。

“国对国、省对省，再往下一级就是社区服务。”钢子认为社区服务包罗万象，只要一个地区有钢丝善行团分会，“钢丝”就可以发展商家成为合作成员。社区服务可以做到怎样的程度呢？举一个例子，如果一个钢丝在合作的商家买水果要花 18 元，可以不付钱，而是直接通过善行积分来兑换；如果去吃饭，去合作饭店，可能只花几块钱，剩余用善行积分兑换。

而社区服务甚至可以包括二手物品转让、家政服务。比如，你家里有个旧沙发想卖掉，那就可以拍个照，上传到商城，其他有需求的“钢丝”可以买；你家里有老人需要照顾，也可以通过平台发布消息，让几个“钢丝”过来提供有偿服务。社区服务也是慈善家商城的一大重点。“总之，你做了善事就可以获取相应积分，这些积分可以当钱用。我觉得，通过这种方式来推广全民慈善会更有效果，会更实际。”钢子说。

“全民慈善”是重要原动力

“我们的电商平台就如同淘宝、京东，但我们的钢丝黏性更高。”钢子充满信心，“钢丝善行团的平台不具有可复制性，它会让‘以商养善’不再是梦想。”

钢子对“慈善家商城”的商业构想，很容易就让人联想到目前市场上的几大电商寡头。“慈善家商城”这个特殊的电商平台的优势在哪里？对这个问题，钢子进行过认真思考。电商平台在全世界现在都是一个寡头时期，有着实力强大的成功商家，只要你模式好，他们随便砸几个亿都可以把你挤压掉。但“慈善家商城”不同——有黏性极高的“钢丝”，这意味着强大的购买力，这是任何一个电商平台都不具备的。

“我们还有全民慈善的推动力，这是我们做这件事的源头。”对于这个“以商养善”的大胆勾画，钢子踌躇满志，忠实于他的“钢丝”们也笃信他的这个商业计划是一定能成功的。

在做慈善过程中，积累起来的人脉与资源，助推了商业平台的发展后，慈善又如何得到反哺？在钢子的规划中，所有的商机获利都要拿出一部分捐赠，因此，商机无限，也意味着慈善的无限。

“做慈善还是根本目的。”钢子说他看到了中国慈善界的各种问题，好多组织和机构刚开始做的时候，是幸福的、灿烂的、美丽的，但到了后来，心就痛了、麻木了，再后来就黑了。而钢子要创造这样的平台和机会，让所有为善的、愿意去奉献爱心的人真正得到实惠，让做慈善变得幸福。

钢子说，钢丝善行团的组织与制度框架已经成熟，无论是慈善还是商业，都在“钢丝”、钢丝善行团全国管理委员会的决策与监管下阳光进行。这是一群人的梦想，而不是属于某一个人的。“我从一开始就在做去钢子化。”钢子强调说。

钢子还计划在慈善家商城APP上推出一元钱抽奖活动，只要“钢丝”行善捐款了，或者参加志愿者活动了，就有机会获得积分，然后用积分去抽奖。为了鼓励大家，钢子打算再次一掷千金，购买几百万元的电脑、手机作为奖品。

“我们就是要光明正大地去以商养善。你还会觉得这只是一个美丽的梦想吗?”钢子说。

一年以来，“以商养善”模式的成功开展不仅坚固了钢丝善行团的慈善理念，也带动了中国公益行业的一次不小的变革，不少公益机构不约而同地把商业模式与机构进行了紧密的结合。农产品电商“E农计划”和“维吉达尼”都成为了这一模式的追逐者。

另外，为了让商城以商业化、市场化的方式起航，钢丝善行团已依托上海懿笙资产管理有限公司在全国各地设立全资子公司。钢子透露，他已经投资一个亿注册成立了上海懿笙资产管理有限公司。在他的规划中，懿笙就是钢丝善行团的总公司，懿笙资产要在全国各地设立多个全资子公司，就像一个孵化器。钢子说：“子公司做得好，可以单独上市，我们用这种模式创造一个超级的大粉丝经济圈，也就是一个特殊的电商平台。”

目前，钢丝善行团已经在全国8个省开展招聘，钢子要给所有超过1000名跟捐“钢丝”的省份，独立投资100万元设立全资子公司，这100万元作为当地钢丝善行团分会独立运作的创业基金。分会充分享有独立的商城运作权，并享受覆盖全国并延伸至国外的商业资源。

对分布各地的子公司的发展，钢子很有信心，因为除了这100万元的创业基金，子公司背后还有全国的“钢丝”资源。

“我们鼓励你发展更多人变成钢丝，加入到慈善队伍中来。能积极参加分会的慈善公益活动，就可能获得提拔的机会，还有机会获得钢丝善行团所投资的公司的股权。”钢子这样作介绍。

钢子认为中国慈善事业要有长足发展，必须具备“五个一”——

制定一部为慈善事业健康发展托底的慈善法，营造一个全社会对慈善正确认知的氛围，培育一批专业的慈善管理者，扶持一批具有公信力的慈善公益组织；找到一条慈善可持续发展的模式，比如“以商养善”。因此在推广“以商养善”的同时，钢子还在做另一件事——由他资助，在清华大学开办了多期“公益机构管理者能力提升研修班”。

中国公益研究院院长王振耀认为，作为民间慈善家的钢子，在慈善领域进行了“变革性”的开拓。“对钢子的行为，我也很感动。钢子的观点应该在社会上多进行传播。”王振耀说，钢子的慈善方式，“一元捐”，也应该叫“配捐”，看人家做得好，就去配。虽然单个人捐的不多，但是带动的人多，而且捐得很快。他自己也有几个关键的数据：成员超 20 万人，平均每天跟捐 3000—5000 元。

王振耀认为，钢子是一个很智慧的人，他自己是个企业家，但是他用这种特殊的方式，让慈善开始有力量。这个力量一方面体现在鼓励大家“配捐”，他自己也会调动一些资金，补充了政府力量的不足。政府有总体的框架，但是，这片片砖砖，政府的政策做得不可能那么周到，需要依靠社会组织、社会力量来做。“我觉得像钢子的这种创新，并且能够形成这么大的影响力，我认为这是中国慈善的创新发明。在全球显得我们中国慈善有活力，钢子是一个重要的案例。”王振耀说，中国社会走过这 30 年，并不是一潭死水，大家都在慢慢走，像钢子这样就是在创新。“钢子的案例，让我们更加坚定信心：中国慈善在未来会有更多种形式的创新。”

“钢子的力量体现在‘以商养善’。”王振耀说，钢子要给超过 1000 名跟捐钢丝的省份，独立投资 100 万设立全资子公司，在未来也许会出现像“宜家家居”这样的商业模式，出现“钢子家居”“钢丝家居”……当然钢子肯定不会局限于家居领域。钢子在琢磨，他有很好的主意，也体现出力量。“但是我提醒他的是，需要对慈善实践进行系统的分析和研究，最终形成支撑系统。比如，成立了多少企业，经营成效如何……这样，就会让观念更理性。最终，会形成一个巨大的支撑系统，这样会更好。”王振耀说。

行业热点事件

1. 股权捐赠29.23亿元，何巧女引领女性慈善家

2015年8月8日，何巧女承诺将个人所持有的北京东方园林生态股份有限公司7630万股股票通过减持的形式，以现金的方式捐赠给北京巧女公益基金会，市值29.23亿元，将根据项目的进展情况逐年拨付。这项捐赠是当年捐赠额度较大的个人捐赠，而何巧女也成为首位捐赠额度超过10亿元的女性慈善家。在2015年9月举行的第四届慈展会上，何巧女公开表示“打造中国有影响力的家族基金会”是自己的公益目标；她在作这个决定之前已经在王振耀的带领下前往美国、法国进修了专业课程，并拜访了洛克菲勒家族和罗斯柴尔德家族。

何巧女的人生和事业巅峰起步于北京林业大学一个小小的花房，从植物租摆，到地产园林，到市政园林景观，再到今天涵盖生态环保、文旅、互联网的全新业务版图。转而投身公益事业，是何巧女人生和事业上的一个重大的选择，是更深刻的觉醒和更持续的行动。

2013—2014年，北京巧女基金会做了几个有特色的项目。他们与清华大学、北京大学、北京林业大学和中国人民大学分别成立了四个生态智库联盟。例如，与中国人民大学成立了生态金融智库。现在这个生态金融中心主要是研究中国生态的建设。“我们现在都在讲生态文明建设。其实我们不缺专家，也不缺技术，缺的是大量的资金，所以我们希望通过这样一个智库来提供一些用金融方案解决生态文明建设当中的资金。现在像发改委、人民银行和国合会，很多的绿色金融课题都在这个中心的平台上来做。”北京巧女公益基金会执行秘书长方仪认为，这个平台凝聚了一行三会，银行和非银行金融机构有100

多家，是一笔巨大的资源。

在中国公益领域专业人员培养的教育项目，他们也倾注了很多心血。2011 年，何巧女向她的母校北京林业大学教育基金会捐赠了 4000 万元，回报母校；她为自己的家乡做了一个生态的环境规划，改善人民贫穷的生活环境。同时在这个地方建一个盆景博物馆，把中国各个流派的盆景吸收到这个博物馆里面来，进行艺术的传承。北京巧女基金会下设专项基金，支持藏区儿童的教育、残疾儿童的唐卡艺术教育，以及国内外的救灾活动。

何巧女认为，中国公益事业正值早春，中国大批创富一代的企业家正在觉醒，恰好是中国公益事业最好的播种季节。她决心推动公益领域的“种子战略”，希望通过在各个领域播撒公益的种子，和同行一起推动中国的公益慈善事业向着科学化、国际化和持续化的方向发展。

何巧女倡导善良企业。要打造一个善良的东方园林，不是一朝一夕的事，她愿意用 10 年、20 年的时间去坚持，去成就每一个员工的善良，从而成就企业的善良。

“心怀感恩，心系地球。”对于企业而言，从园林景观升级到水生态治理，何巧女倾注了许多情感。看多了污染不堪的河流，何巧女希望去改变。她带领企业迅速切入水生态治理领域，立下“让中国的河流没有污染”的宏愿。这是一个更大格局的善良，是源头的善良。

从善良企业到公益人生，对于何巧女来说是一脉相承的。现在，何巧女不断学习并研究如何做好公益事业，把公益作为毕生追求来做。并且要用管理企业的方法做公益，要用科学严谨的模式来管理，这是公益事业的未来方向。

首先，何巧女希望巧女基金会成为东方园林公司员工践行公益的首个平台，倡导“人人公益”的理念，打造中国员工公益时长最多的企业之一。目前，巧女基金会的员工 70% 都是东方园林企业派出的义工。

其次，何巧女高度重视公益事业的战略规划和大局观，对于创新与引领性的项目尤为关注。她先后与清华大学、北京大学、中国人民大学、北京林业大学等高端学府联合设立四个生态智库，推动中国生态事业的发展。

2. 陈一丹投入20亿元探索民办公益大学之路

随着中南财经政法大学武汉学院转设并更名为“武汉学院”，国内真正意义上的非营利性民办大学将开启新的历史。

2015年6月1日，武汉学院在湖北省武汉市举行新闻发布会，宣布该学院获得教育部批准，转设为完全脱离“母体”的民办本科大学。

腾讯公司主要创始人陈一丹称：“这个消息让武汉学院上下都很振奋，我自己也很欣慰。这几年大家都很期待着这一天。”

早在2009年，尚未从腾讯退休的陈一丹就开始向武汉学院投入资金，成为学校举办人。退休以后，他旗下的武汉一丹教科文发展有限公司作为武汉学院投资举办方加大投入，首期总投入达20余亿元，主要用于新校区的建设及师资投入。这使得该校成为国内投资额最大的民办公益大学之一。

投入之初，举办方就确定了公益性质，在办学章程里承诺不从学校拿走一分钱，并在政府的《办学许可证》明文规定了下来。陈一丹向记者称：“我们期望通过这样的实践，探索一条中国非营利性民办大学的办学之路。”

陈一丹是腾讯最早的5位创始人之一，2013年宣布从腾讯公司退休，卸任首席行政官（CAO），转入个人心系已久的教育与公益领域，目前仅保留腾讯终身荣誉顾问、腾讯公益慈善基金会荣誉理事长的头衔。

“这个项目，纯粹是我退休之前，因为缘分种下了个种子，然后伴随它的成长而不愿放弃，进而持续地投入进去。”陈一丹表示，“他们当时来找我投资时就强调，这不是一个赚钱的项目，可以当一个公益项目来做。而当初促使我尝试投资武汉学院的原因，除了这所学校‘教风很正’，也正是因为自己可以以真正的公益方式参与办学。”

陈一丹认为：“按照教育规律，教育在机制上是非营利的。这些年游学海外的经历，让我看到，能成功的民办高校都是非营利的。”

武汉学院此前作为中南财经政法大学名下的独立学院，成立于2003年。所谓独立学院，形象地说就是民营资本和公办名校“一个出钱、一个出牌子”，主要在“三本”招生的普通高等院校。

陈一丹开始只是想尝试投入一点钱，不参与管理，但随着独立学院转设民办大学的路径日益清晰，摆在他面前的是一个艰难的决定：要么让学校维持现状自生自灭，要么继续加大投资，让学校达到转设条件成为民办本科高校，以拥有更多自主权的方式尝试教育改革的探索。

“算出来的投入额确实有点狠，当时对我来说有点天人交战的感觉。”陈一丹向记者称，“那天晚上我还是问了自己，为什么当初投资这个学校，无非就是想在教育改革方面推动一下。投入这个数，看起来很大，但10年后回顾一下，不会后悔。或者说，10年后，培养出很多符合先进教育理念的学生，这多有意义啊。”

据透露，在这次民办高校评审过程中，教育部在组织专家评审的时候，除了看到一条条传统的硬性数字指标之外，还看到了这所学校的整个布局和理念。评审专家组对学校方说：“这是真在办一个大学呀，我们没有理由不通过。”在武汉学院转设之后，陈一丹将以举办人身份，启动对这所民办大学的深度改造：首先将是规范化地建章建制，支撑学院的长远发展；其次是现代化的管理体系，引入先进的公司化运营模式；最后是国际化的充分接轨。

2015年年初，陈一丹还投入2000万元用于武汉学院图书馆的图书购置建设，藏书达100万册，同时在图书馆内设立典籍库，涵盖儒家、佛家和道家等中华传统文化思想的重要典籍。

陈一丹说，武汉学院硬件建设是一个基础，加大投入软性建设才是更重要的。希望我们这所学校是唤醒学生本身内在能力的平台。

“外国的私立大学那么多，那么好，我们可不可以也有一批？我们可不可以先做好一个？”陈一丹称，期望通过这样的实践，与教育同行一起探索一条中国非营利性民办大学的办学之路。

七

“互联网+”造就全民捐赠时代

"中国正在积极推进网络建设，让互联网发展成果惠及13亿中国人民。"这是中共中央总书记、中华人民共和国国家主席习近平在首届世界互联网大会贺词中的致辞。而"互联网+"正快速渗透到中国社会的每一个领域，没有例外。

信息技术的快速发展使得互联网已经成为整个社会生活、生产不可分割的一部分，它深刻改变了、并将进一步改变中国社会的组织方式。据统计，截至2015年6月，全国网民数量高达6.68亿人，移动互联网用户达到5.94亿人。越来越多的人通过互联网展开学习、工作和日常生活。

随着支付宝、财付通等第三方网络支付平台开始进入公益慈善领域，改变了慈善机构只能依赖银行汇款和募捐的传统模式，降低了筹款门槛，便利了民众捐赠。而后，微信、微博等网络社交平台兴起，使得公益慈善传播的速度得到极大提高，传播成本极大降低，互联网在善款支付、慈念传播这两方面助力，快速推动了我国公益慈善事业的发展。

统计表明，网络支付平台在2007年使用，让我国年度捐赠人数达到百万量级，捐赠金额达到千万元量级，微信、微博等网络社交红利让这两个指标实现了10倍增长，年度捐赠人数达到千万量级，年度捐赠达到亿元的量级。

根据腾讯统计数据显示，阿里巴巴公益、蚂蚁金服公益、腾讯公益和新浪微公益作为最主流的网络捐赠平台，在2015年共筹款4.26亿元，约占据网络捐赠第三方平台筹款总额的97.5%，不亚于任何一家基金会。

中国互联网发展基金会理事长马利表示："公益开始从传统公益模式向新型公益模式发生转变。互联网为公益的发展创造了一个全新的空间，让公益资金筹集变得简单便捷，让公益组织的执行变得公开透明，逐步实现了大众化、开放化和高效化。"

（一）解决资源与需求匹配

以往，受制于地理、物理的区隔，传统慈善方式常常面临资源与需求难以匹配的问题。捐赠人找不到好的慈善项目，有需要的人得不到慈善救助，互联网和慈善结合缓解了这个问题，它使得捐赠人的捐赠意愿、求助者的慈善需求和慈善机构的公益项目三方能够良好地衔接，并以合理的方式把宝贵的慈善资源配置、递送给最需要帮助的人，提升慈善的专业性与效率。

2015 年羊年春节，最热门的话题莫过于微信抢红包。在人们抢得废寝忘食之时，很多公益组织看到了筹款的可能：利用微信的抢红包平台，大肆"抢红包"——呼吁人们将抢到的红包捐出来，用于公益项目。抢红包做公益这一新的公益筹款模式，和抢红包本身一样，较好地满足了公众的参与性。

2 月 9 日，"免费午餐"发起人邓飞利用微信朋友圈召集人们加入"青螺营"；12 日，邓飞揭晓任务"抢红包捐午餐"，号召大家将抢到的红包捐给"免费午餐"公益项目。该项目倡议每天捐赠 3 元为贫困学童提供免费午餐，旨在改变中国乡村儿童营养状况。

此次"红包公益"大战中，来自全国各地的"青螺营"网友共组成 16 支队伍，3000 多名参与者为包括免费午餐在内的大病医保、让候鸟飞、暖流计划、拯救古建共 5 个公益项目筹集到近 182 万元善款。其中，"免费午餐"筹到了近113万元。据免费午餐广州办事处负责人方晴介绍，113万元可以支持5所学校两年的午餐费用，"'免费午餐'2014年通过腾讯公益平台筹集到近600万元善款，而今年仅在春节期间的半个月时间就筹到了去年腾讯公益平台捐款总额的1/6，筹款速度之快，威力惊人。"

无独有偶，2月19日，大年初一，碧心青少年关爱基金会利用微信朋友圈开展"零钱公益"行动，号召人们给抢到的红包"找个好去处"——人们可参与"给病房孩子理新年头"公益项目中的"一起捐"活动，成为劝募者，在朋友圈发布募捐链接筹款。截至3月1日，募集到善款53000多元，共1698人次捐款。

同一天，麦田教育基金会通过微信公众平台发出筹款消息，号召人们用微信红包为"一人一本"公益项目筹款。该项目旨在为贫困山区孩子募集一本属于自己的图书，让每个孩子、每个班级成为图书分享站或流动图书馆。当天，该项目筹到10980元。截至3月1日，共有2401人参与捐款，筹得善款58000多元。

2月14日，由公益组织友成基金会孵化的社会企业创造的一款具有答谢机制、鼓励捐款人持续关注慈善活动的公众筹款平台APP"路人甲"正式上线。

根据统计，在一年的时间里"路人甲"获得了10万个以上的用户，得到了200万元以上的捐款，有23%的人会在一个月内重复捐款。与此同时，"路人甲"与超过100家的爱心商家合作，得到了价值超过2000万元的优惠券。

5月29日，百度携手世茂集团、上海慈善基金会等开启"公益一小时"活动，共同聚焦"重症孤儿"关爱，以网友在活动页面点击"爱心"按钮一次、百度和世茂集团捐赠1元钱的形式进行。短短1小时，活动即吸引了4978267位网友参与，为"重症孤儿"筹集善款达4978267元，创造了互联网公益捐赠的新速度。

8月3日，全球范围内第一家互联网领域的公募基金会——中国互联网发展基金会，在北京成立。该基金会将支持中国互联网事业健康发展，使网络空间清朗起来；促进社会主义核心价值体系传播，维护国家网络安全和社会稳定；积极培育中国互联网人才资源，提升中国互联网国际话语权；关注并参与互联网相关的公益活动。

“8·12天津港爆炸事件”后，中国扶贫基金会紧急救援部、天津蓝天救援队等民间救援队伍第一时间响应，协助政府做好救援工作。社会各界迅速响应、纷纷捐款，除部分企业、个人直接联系受助人、天津港公安局外，中华社会救助基金会安居防火救助基金、天津市青少年发展基金会、中国红十字基金会等公益机构成为重要捐款途径。大量善款指定捐助给伤亡消防员及其家属。与此同时，天津市红十字会也公布四种捐赠方式：现场捐款、银行募捐、邮局捐款、手机短信捐款。

9月30日，天津市社会团体管理局通过其微信公众号对捐赠款物情况进行公示：据不完全统计，自8月13日至8月31日，全市社会组织共接收或募集资金14702.91万元，款物折合现金233.65万元。其中，接收款物较多的社会组织分别是天津市红十字会3638万元，天津市慈善协会2325万元，天津市妇女儿童发展基金会1557.1万元，天津市光彩事业促进会890万元，天津市青少年发展基金会785.8万元。

（二）公益组织纷纷支起互联网平台

2015年“互联网+”的概念迅速与慈善公益各个领域紧密结合，大大小小的公益组织纷纷支起网络平台，形成了线上线下百花齐放的和鸣之势。“互联网+”成了2015年公益领域最热门的概念。

2015年12月，好未来公益基金会与友成常青基金的联手，通过

“互联网+教育”的形式，开展为期一年的优质教育资源捐赠及贫困学校帮扶项目。好未来公益基金会捐赠2个年级的智能互动课堂系统教学资源，帮助贫困地区试点学校教师丰富教学课堂、提升教学技能，通过软件资源的共享缓解贫困地区教育资源紧缺问题，从而进一步提高项目地区试点学校的教学效果。

同月，作为国内首个以闲置物品再利用为主题的“互联网+公益”的在线捐赠平台——“希望微物”由中国青少年基金会发起，依托移动互联网、微信和网站，发挥共享经济效用，将闲置物品和贫困乡村学校的需求一一对接，实现自主选择、全程透明的全新公益项目，并致力于为捐赠人提供便捷、互动、公开的一站式捐赠体验。

公益组织如何在低成本的前提下与公众尽可能多地有效沟通？很多公益组织不约而同地瞄准了微信中的公众账号。政府相关部门和媒体平台也不断试水公益淘宝式的网络“公益集市”。

2015年，上海慈善基金会官方微信正式开通，市民关注成功后，即可选择不同慈善公益项目进行微信捐款。宁夏银川建成了“一平台、一微信、五机制”的运行方式，通过“网站+微信+手机APP”的工作模式，大家只要利用电脑、手机等通信终端就可随时随地注册成为志愿者、参与或发布志愿服务项目，更好地实现便民利民目的。这些基于网络和移动客户端的公益沟通模式，拉近了普通公众和公益行业的距离，使公众更便于参与。

由于尝到了既有效降低沟通成本、社会效应又与日俱增的甜头，开通公众号的公益组织数量节节攀升。与此同时，为了跳出捐赠内容同质化的现状，一些企业正开始探索新路。

（三）“互联网+慈善”大有可为

“互联网+慈善”，为中国慈善事业发展提供前所未有的机会，成为促进传统慈善变革的潜在动力。要把这种机会和潜在动力利用好，并把它转化为推动慈善事业发展的实际动力，还有很多问题要解决，还有很多工作需要去做。

曾经因信息闭塞，公益组织运行低效、缺乏有效的透明机制，长时间受各界所诟病。

随着互联网时代的到来，这个问题得以一定程度上解决，一是通过网络展示和电子支付，公益项目的发布和资金筹集变得简单便捷；二是公益组织得以及时公布账目，公开透明程度有所提升。

不过，目前中国的公益组织对互联网的使用、公益项目与互联网的结合还处于起步阶段。许多好的公益项目因为缺乏传播创意和渠道，无法爆发它应有的筹款潜力。

由 NGO2.0 发起，中国科学技术大学知识管理研究所执行的《中国公益组织互联网使用与传播能力》第四次调研报告显示，参与调查的 547 家民间公益组织中，73.49% 的公益组织没有“互联网专业人员”，受访组织对互联网和计算机使用的最大需求是“提供互联网传播策略培训”（37.43%）。

反而观之，国外公益组织却常有“爆款”，以风靡全球的关注 ALS 的“冰桶挑战”为例，传入国内后吸引超过 44.4 亿人次点击，募集善款 800 多万元人民币，一举成为 2014 年社交媒体最热的公益活动之一。

另外，在网络捐赠平台中，80 后、90 后成为网络捐赠主力军，在新浪微公益平台、蚂蚁金服公益平台、淘宝公益网店各个渠道中占比均在 60% 甚至 70% 以上。其中，90 后表现更为活跃。根据腾讯官方消息，截至 2015 年 8 月，腾讯网络捐赠平台当年的善款总额超过了 5 亿元，其中 90% 以上来源于移动端。手机支付无疑比电脑端操作更具便利性，移动互联网扩大了公益的影响，“指尖公益”移动捐赠逐渐成为公众进行公益捐赠的主要选择。

11 月，美国亚洲基金会高级顾问在北京披露，2015 年美国网络捐赠数额占到总公益捐赠数额的 10%，而且还在快速增长。相比之下，中国网络捐赠行为虽然日益增多，但捐赠总额较低，网络捐赠占公益捐赠总额不到 1%。与一些发达国家相比，互联网在我国慈善捐赠方面的作用，发挥得还远远不够，并且发展速度也较慢。

面对势不可当的“互联网 +”时代潮流，慈善事业的发展要善用互联网机会，对发展过程中存在的问题进行有效应对。同时，要充分认识在推进慈善发展方面的积极作用，不断加强网络慈善宣传，要建构安全、便捷的网络慈善平台。进一步便利民众的慈善捐赠，要善用互联网思维优化慈善项目设计，实现传统慈善机构的创新发展。

行业热点事件

1. 中国首个“互联网公益日”诞生

2015 年 9 月 7 日，中国迎来首个“互联网公益日”。腾讯公益当天宣布，将联合全球数十家知名企业、上百个公益组织、中国最顶尖的创意机构、名人明星以及数亿网友一起，发起一年一度的全民公益活动——“9 · 9 公益日”。

首个“9 · 9 公益日”主题为“一起爱”，将通过移动互联网化、社交化等创新手段，用轻松互动的形式，发动全国数亿热爱公益的网民通过“小额现金捐赠”“步数捐赠”“声音捐赠”等行为，以轻量、便捷、快乐的方式参与公益。

网友除了可在微信、手机 QQ、腾讯新闻等众多线上入口进入“9 · 9 公益日”活动页面，还可在线下数千家合作门店体验多元化的公益互动。

作为发起者和连接器，“腾讯公益慈善基金会”宣布在 2015 年 9 月 7 日至 9 日期间，对数千个公益项目进行配捐。具体配捐方式为网友每捐 1 元，腾讯基金会配捐 1 元；网友每捐 10000 步，腾讯基金会

（及其爱心伙伴）配捐2元，3天总计配捐金额达到9999万元。

腾讯方面表示，在“互联网+”战略下，借助移动互联网技术，腾讯有机会发挥好连接器的作用，把公益从“少数人的事情”转变成“人人为我，我为人人”的全新形态，把公益变得越来越常态化，逐渐融入用户日常网络行为的点滴细节中。

自9月7日0时至9月9日24时，通过腾讯公益平台，“9·9公益日”爱心网友捐款1.279亿元，共有205万人次参与捐款，捐赠金额、参与人数均创下国内互联网的募捐纪录，同时也见证了“指尖上的公益”所迸发出的强大力量。

2. 运动类筹款大爆发

2015年9月12日，中国运动筹款类公益活动来了场“大碰车”，中国扶贫基金会的百公里“善行者”、中国青少年发展基金会的“挑战八小时”以及深圳“全橙跑，刷地球”等公益赛事都在这一天举行。

近两三年来，运动类公益筹款活动在国外公益机构中已经被运用得很普遍，从国外传入后并逐渐升温，甚至扎堆举办，将公益与运动、挑战和体验相结合，让参与者有全新的体验，其运作也更加成熟。

公益徒步类的筹款活动可谓“遍地开花”，壹基金的“为爱同行”、阿拉善SEE的“穿越贺兰山”、上海联劝的“一个鸡蛋的暴走”，全国各地出现了不少类似活动。不只是公益徒步，各种大型的群众体育活动比如马拉松和创意跑步活动数量也有所增加。

壹基金从2009年起就开始与深圳市登山户外运动协会合作“为爱奔跑”公益马拉松，2013年又尝试举办“为爱同行”徒步活动，到2015年已连续举办了3年。

从已有的公益徒步活动看，主办方大多采取“亲近自然+自我挑战”的体验形式，每4名队员组成一组，在规定时间挑战几十公里，还要利用“互联网+”方式通过朋友圈、网络平台等向亲朋好友推荐项目，为特定受助对象筹集善款。

除此之外，多家机构在采访中表示，运动筹款类项目主要增强了参与人的体验感和互动感。比如活动全程微信化，首次采用微信报名，微信支付提供了多样的爱心捐赠通道。同时通过微信运动，已报名队员可以随时开展徒步锻炼并记录自身行走的数据。

事实证明，这些徒步者的确是“走”出了善能量，公益筹款效应稳步攀升。

2015年10月中下旬，阿里公益“天天正能量”正式向全社会提出“做公益·上头条”的活动倡议，请大家说出公益梦想、讲述公益行动、分享公益计划和寻找身边的善行义举，优秀案例有机会获得阿里公益提供的1000元到10万元不等的正能量奖金奖励或公益资金支持。

3. 友成探索电商扶贫模式

截至2013年年底，中国仍有2亿人口生活在贫困线下，涉及832个国家级贫困县。目前，我国县域电子商务已经进入高速发展期，成为农村经济发展的新亮点，电商扶贫的成功案例不断增加，在贫困地区开展电商扶贫的条件日益成熟。

为此，友成基金会扶贫志愿者行动计划创新研发了“MOOC+贫困地区电子商务能力建设项目”。该项目通过线上+线下的O2O学习形式，进一步推动贫困地区的发展。线上以MOOC网络慕课课程平台为基础培训形式，通过直播授课及点播学习电商教育、职业教育、志愿者培训等在线培训。建立线上+线下“3+2+6培训体系”，即3天线上集中课程学习，学习后结成同伴小组，进行集中讨论；2天模拟网商环境短期实训，实训结束后进行线上考核；6个月的孵化期，根据学员在电商创业就业过程中的实际需求，提供专业创业就业服务。通过创新社会扶贫帮扶方式，帮助贫困群众以电商创业或参与电商产业链就业，改善其经济能力。

2015 年 4 月，在国务院扶贫办和证监会的支持指导下，网信金融集团结合自身公益众筹、农业众筹、股权众筹的经验，支持友成基金会在贫困地区开展电商运营技能培训、众筹创业融资项目和金融资源对接等服务，启动第一期贫困地区电子商务能力建设试点项目。项目以课为媒，入道电商，整合电商教育资源，提供电商应用服务，孵化区域电商经济；并基于互联网平台，通过公募形式探索社会资本支持农村经济发展新模式，完善“线上 + 线下”农村金融服务体系。“MOOC + 贫困地区电子商务能力建设项目”第一批线上视频课程已录制完毕，24 位来自电商领域的专家作为扶贫志愿者参与了课程的研发与录制。据悉，首批农村电商课程于 2015 年 7 月上线 MOOC + 慕课平台。有近 10 万人通过线上与线下的学习，了解电商行业，掌握电商创业知识，最终通过创业改善家庭及当地整体经济水平。

网信金融集团作为项目的支持方之一，向友成基金会扶贫志愿者行动计划捐赠 100 万元，用于“MOOC + 贫困地区电子商务能力建设项目”的试点启动。此外，网信金融集团众筹网还根据自身公益众筹、农业众筹、股权众筹领域的经验，为项目录制了专业课程，并向江西、贵州、甘肃三地的培训师提供线下培训。

以慕课形式创新电商扶贫方式，这一社会扶贫模式在中国尚处前沿趋势，具有重要的历史意义。

八

引人瞩目的受捐领域

（一）2015年教育领域捐赠情况分析

作为传统的捐赠重点领域，2015年全社会对教育事业的捐赠仍十分引人注目。无论是单笔大额捐赠的金额与次数，还是公众对教育事业的小额捐赠及参与程度，都很突出。从小学、初中、高中，到大学阶段，捐赠更集中于高等教育阶段，其次是中小学阶段。资金主要用于基础教育投入、高校建设、奖学金、助学金等项目。

大额捐赠频现

2016年年初，北京师范大学中国公益研究院发布《2015中国捐赠百杰榜》，入榜人员总计捐赠128亿元。从捐赠投入领域来看，80.9%的捐赠流向基金会，其中高校基金会占比接近整体捐赠额的一半；约有61.72亿元善款投入高等教育领域，占捐赠总额的48.17%。从捐赠流向来看，高校和校友捐赠成为常态捐赠的最主要方向，大额捐赠中校友捐赠金额约占整体捐赠金额的15%。

在榜单的前10名中，捐赠主要用途为教育的达到6位。这六笔大额捐赠分别是：武汉一丹教科文发展有限公司陈一丹捐赠20亿元建设武汉学院；泛海集团卢志强向复旦大学承诺捐赠7亿元（其中2亿元分5年支付，另外5亿元按工程进度支付）；碧桂园集团杨国强家族向中山大学捐赠1亿元；中植企业集团有限公司解直锟向复旦大学承诺捐赠2.5亿元（分5年）；新奥集团王玉锁向北京大学捐赠2.5

亿元；阿里巴巴集团马云向杭州师范大学捐赠1亿元。从单笔捐赠金额与人次来看，比前两年提升明显。由此也可看出，大众对教育的重视程度越来越高。

校友捐赠成为常态捐赠最主要方向

2015年12月21日，上海复旦大学教育发展基金会与泛海公益基金会签约，复旦大学校董，复旦大学经济学院校友，中国泛海控股集团董事长、党委书记卢志强通过泛海公益基金会向复旦大学整体捐赠7亿元。其中2亿元分5年支付，另外5亿元按工程进度支付。

捐赠5亿元的“复旦泛海中心”项目，包括支持复旦大学经济学院、复旦泛海国际金融学院（筹）、复旦大学创新创业学院、社科交叉研究中心以及若干其他教学科研机构的发展。另外5000万元设立的复旦泛海国际金融学院发展基金，也是用来支持该学院的筹建和发展。据报道，该学院最快2016年秋建成，将开设金融MBA、EMBA等项目并会招收本科生。（复旦大学曾与中国太平洋保险集团合办复旦大学太平洋金融学院，现已停办。）

此前，2015年5月27日，在复旦大学成立110周年，复旦大学经济学院恢复建院30周年之际，泛海控股集团曾向复旦大学捐款1.5亿元，部分用于经济学院新大楼和高级金融学院的建设（这笔捐款包含在后来的7亿元之中）。

校友捐赠是欧美世界一流大学的重要工作，是评价世界一流大学的重要标准之一。瑞深中国校友会网每年公布的《中国大学评价研究报告》也将校友捐赠列入评价指标。在该报告统计的1990—2015中国大学校友捐赠排行榜中，复旦排在第24位（仅是校友，不是所有社会捐赠）。在2016年的排行榜中，因为卢志强的7亿元捐赠，复旦一跃上升至第4位。

乡村教育得到更多关注

2015年，无论是公益组织还是企业，对贫困地区、贫困学生的捐助都十分突出，重点是帮助贫困学生群体改善学习及生活条件，提高贫困学校的教学质量，促进当地教育水平的发展。

例如，“小伙伴成长计划”就是远洋之帆公益基金会最重要的教育助学类项目，旨在帮助贫困学生群体改善学习及生活条件，帮助贫困学校提高教学质量，促进当地教育水平的发展。

截至2015年5月，远洋之帆公益基金会已在北京延庆、青海玉树、云南文山、四川北川羌族自治县、贵州省望谟县打尖乡、新疆新源县阿热勒托别乡6个地区的中小学校发放了助学金，直接受益学生20700多人次，总计发放金额1080300元。

此外，该基金会的“远洋之帆关爱基金”项目在2012年7月就已设立，用于资助因重大事故、疾病、灾难等原因导致失学或濒临失学的群体，帮助他们重返校园；“远洋之帆传统文化教育基地”项目则于2013年9月启动，远洋之帆公益基金会通过资助学校开设传统文化课程，帮助学生了解和掌握传统文化，以促进不同文化间的交流，并推动当地学生素质文化教育水平的提高。基金会每学年将为每所教育基地提供运行费用，包括教学、师资培训、传统文化交流等方面。

另一项致力于乡村的教育计划在2015年由宾利汽车中国与中国扶贫基金会共同发起，并设立教育基金。宾利教育基金将重点用于帮扶高中阶段的学生，以及为自强班中考入大学的学生继续提供资助。该项目计划从2015年到2017年建立10个宾利自强班，共计资助500名由中国扶贫基金会筛选，分布在云南、四川、河北和安徽教育贫困县的贫困学生完成高中和大学学业。之后还将为品学兼优的大学生提供大众汽车集团或大众汽车销售有限公司的实习岗位，助其完成从学校到社会的成功过渡。

这些项目都旨在帮助偏远地区或少数民族贫困学生群体改善学习及生活条件，帮助贫困学校提高教学质量，促进当地教育水平发展的同时，给予这些少数民族的孩子一个延续传统的机会、一个得以求生的技能、一个看世界的舞台。

（二）2015 年环保领域捐赠情况分析

2015 年 1 月 1 日，新修订的《中华人民共和国环境保护法》正式生效实施，环保问题越来越得到政府和社会的重视。这次环保法的修订，主要包括加强环境保护宣传，提高公民环保意识；明确生态保护红线；对雾霾等大气污染的治理和应对；明确环境监察机构的法律地位；完善行政强制措施等十二个方面。

2015 年两会期间，李克强总理在回答记者提问时表示，政府在治理雾霾等环境污染方面，决心是坚定的，也下了很大的气力，但取得的成效和人们的期待还有比较大的差距；治理要抓住关键，对环保执法部门要加大支持力度，包括能力建设，不允许有对执法的干扰和法外施权，环保等执法部门也要敢于担当，承担责任；对工作不到位、工作不力的也要问责，渎职失职的要依法追究，环保法的执行不是“棉花棒”，是“撒手锏”。

从总体来看，2015 年环境破坏、污染事件依然突出。如，广东练江污染严重超标；金沙江受矿山污水污染，地质灾害隐患严重；河南太康县秸秆焚烧污染环境；甘肃重污染企业向腾格里沙漠腹地排放污水，致使沙漠严重污染……

环保捐赠引人注目

与以前相比，公益组织和企业对环保领域的投入十分引人注目。

4月10日，公益机构“桃花源生态保护基金会”在宁波宣布成立，马云、马化腾出任该机构董事会联席主席，国内一批知名企业家及公益人士亦参与其中，包括沈国军、欧亚平、朱保国、曾梵志、王中军、虞峰、吴鹰、唐越、宋立新、张爽。这些成员均参与生态环境保护实践多年，了解国内和海外公益机构的运作模式，希望能在“桃花源”的实践中融合海外经验和中国实际，探索适合中国公益事业的方法、道路和体系。

马云表示，取名“桃花源”，是希望中国10年、20年之后能拥有更纯净的水、空气、土地等。据中国银泰投资有限公司董事长沈国军介绍，桃花源生态保护基金会将关注国内外生态环境保护事业，并将积累的经验分享给全球从事自然保护的机构，让更多的人参与到生态保护当中来。桃花源生态保护基金会已开启在内地和中国香港注册，年内将开展实地保护的工作。

10月4日晚，在香港的苏富比拍卖会上，马云和著名艺术家曾梵志合作的油画《桃花源》，以130万元港元起拍，经过32轮竞拍，历时7分15秒，被环球国际（香港）控股集团董事长钱峰雷以3600万港元拍下，加佣金达到4220万港元。此次拍卖所得全部款项将捐赠给桃花源基金会，用于环境保护公益事业。

企业及企业家对环保领域的捐赠也比较突出。

据《2015中国捐赠百杰榜》显示，从捐赠投入领域来看，2015年约有11.2亿元进入生态环境保护领域，位居榜单第二位。2015年8月8日，北京东方园林生态股份有限公司何巧女承诺捐赠个人持有的7630万股东方园林公司股票（以2015年9月18日股价计算，约为29.23亿元），捐赠方式为本人减持股票后的现金捐赠，根据项目进展逐年拨付。该笔捐赠将重点关注生态环保和推动公益行业发展等领域，立足国内视野，也会关注国际项目。

环境保护与教育相结合

2015年9月，国信证券股份有限公司、南方科技大学、南方科技大学教育基金会签订《三方捐赠协议书》。根据协议内容，国信证券将在3年内每年向南方科技大学基金会捐赠600万元，共1800万元。据悉，这是南方科技大学建校以来收到金额最高的一笔捐赠。

国信证券提出，希望通过这笔捐赠支持南方科技大学在环保领域教育、创新及研发等事业的发展。赠款将用于南方科技大学工程技术创新中心（北京）的建设与发展，进一步强化创新中心对研发的重点科技成果的有效社会化、产业化、公开化，最终将创新中心打造成为国际化的环境保护领域创新平台。

虽然环保问题越来越得到国家层面以及公众的关注，但据外媒报道，与教育领域相比，中国环保领域得到的捐助不足1%。通过分析相关媒体报道及事件可以发现，环保领域的大额捐助主要来源于企业及企业家，个人对环保事业的捐款相对较少。

（三）2015年儿童福利领域捐赠情况分析

2015年，我国儿童福利建设方面取得了很多成绩，但也是儿童事件非常突出的一年。

6月9日，4名毕节儿童家中自杀身亡。

8月4日，毕节市纳雍县勺窝乡一对留守姐弟遇害，其中女孩事发前遭到性侵，这名女孩在2014年曾遭邻居老人性侵。

8月初，一篇300多字作文《泪》在网络上迅速传播，被称为“世界上最悲伤的小学生作文”。爱心随之汹涌而至，一日内获捐款近百万元。但伴随而来的思考和质疑也持续搅动着中国网络舆论。

8 月 13 日晚，隆林警方将“百色助学网”负责人王杰控制。8 月 24 日，王杰被隆林县公安局以涉嫌强奸罪执行逮捕……

中国青少年研究会副会长陆士桢认为，虽然儿童生存的物质条件在不断改善，但其生活的社会环境在不断恶化。很多原有救助机制无法应对现在的问题，比如毕节留守儿童自杀事件，不能说政府没有作为，政府该做的基本都做了，但孩子需要的是精神方面长期、专业的照护，这方面我们做不到。

他谈道，儿童福利体系建设，按照民政部的规划，到 2020 年全面建立适度普惠型儿童福利体系，覆盖自身困境儿童、家庭困境儿童和问题儿童等非正常儿童；到 2049 年实现全体儿童普惠的高层次的福利保障和高水平的服务供给。

贫困儿童大病救助表现突出

2015 年，不论是明星还是企业，在救助患病贫困儿童方面的表现都十分突出。

4 月，NU SKIN 如新中华儿童心脏病基金与中国青少年发展基金会在北京人民大会堂举办“新梦想 心希望——中国青少年发展基金会如新中华儿童心脏病基金捐赠仪式”。NU SKIN 如新计划未来 10 年向中国青少年发展基金会捐赠人民币 1 亿元，用于开展先天性心脏病救助项目，预计将有 1 万名贫困家庭患儿受益，进一步推动贫困先天性心脏病儿童慈善救助事业的持续发展。

11 月，如新中国携手上海市慈善基金会共同设立“NU SKIN 如新中华儿童心脏病基金”，旨在帮助贫困先天性心脏病患儿得到及时救治，并承诺每年向基金捐助 100 万元人民币，持续 10 年，预计注入 1000 万元救助金。

目前中国有超过 250 万儿童患先天性心脏病，每年新增 15 万—20 万先心病患儿，其中 2/3 因家庭贫困无法得到及时治疗。该项目通过帮助救治先心病患儿，赋予儿童如新的生命，将社会长期负担转化为未来的社会贡献力量。让先心病患儿获得救治，只是一个命运的转折点，而更重要的是希望每一个重获新生的孩子抱着一颗感恩的心回馈社会，让善的力量循环发光、发热。

作为NU SKIN如新大中华区“善的力量”最重要的公益项目之一，NU SKIN如新中华儿童心脏病基金从朴素的初心“治病救人”，发展成为目前大中华区最完善的先心病救治项目之一，涵盖前期筛查、慈善救治、医院援助和志愿服务的纵向救助平台。在7年时间里该项目已成功救治4272名先心病患儿（数据更新至2015年10月底），自2013年起，平均每天让3名患儿获得如新的生命。

贫困儿童教育受到广泛关注

2015年3月19日，豪华汽车品牌英菲尼迪宣布与中国发展研究基金会合作，投入300万元支持“山村幼儿园计划”，用于改善中西部贫困地区儿童的学前教育和营养条件，为建立人人拥有平等发展机会的“敢爱星球”而努力。这是英菲尼迪“敢爱星球”公益行动继2014年聚焦关爱自闭症儿童之后的进一步延伸。

东风英菲尼迪总经理戴雷博士表示：“幼儿时期是个体智力和身体发育的关键时期，贫困地区儿童的早期发展需要更多关注和投入。为了能让贫困地区儿童也拥有平等发展的机会，英菲尼迪‘敢爱星球’公益行动与这一领域最专业的中国发展研究基金会‘山村幼儿园计划’合作，向中西部地区的贫困儿童提供学前教育和营养改善，为他们创造一个改变命运的机会，从而消除贫困的代际传递。”

贫困地区儿童学前教育和营养的缺失会严重影响孩子的未来成长。在合作发布仪式上，中国发展研究基金会、联合国儿童基金会、华东师范大学等机构的专家、学者分别从国家政策、营养干预和早期教育等角度对这一问题进行了深刻的分析和解读。其中，中国发展研究基金会分享的权威数据显示，由于营养缺乏，农村地区儿童更容易出现体重不足、发育迟缓和贫血症等病症，如5岁以下儿童的体重不足发生率，2010年在贫困地区农村是8%，约为农村平均水平的2倍，是城市平均水平的6倍。而华东师范大学学前教育与特殊教育学院周念丽教授的研究表明，由于学前教育的不足，中西部贫困地区儿童的语言能力水平仅为城市同龄孩子的40%，认知能力得分不足城市同龄孩子的60%。严峻的数据表明，无论在教育机会和营养健康方面，城乡儿童发展都严重失衡，贫困地区儿童的发展面临严重挑战。

中国发展研究基金会秘书长卢迈表示，改善贫困的一个新思路是从人力资本投资，从教育、健康方面入手，尤其是要从儿童早期入手，改善他们的健康状况，提高他们的知识和技能水平。本着这个目标，中国发展研究基金会与芝加哥大学诺贝尔经济学奖获得者詹姆斯·赫克曼（James J. Heckman）教授团队等权威学术机构和学者合作，积极开展一系列研究和试验，希望能为政府的政策制定提供参考依据。基于多年的试点经验，中国发展研究基金会已经探索出最适合中国中西部山区的学前教育普及方式——“山村幼儿园计划”。该项目自2009年启动以来，坚持“送教到村、就近入园”“注重培训、保证质量”“营养和教育并重”的办学理念，实现了山村幼儿园的高质量、低成本、广覆盖。截至2015年1月，“山村幼儿园计划”已经建立了771所山村幼儿园，覆盖甘肃、新疆、湖南、青海等8个中西部省区的17000多名孩子。尽管成果显著，但面对中西部地区近千万学前教育适龄儿童，“山村幼儿园计划”还需要更多爱心人士和企业的支持。

秉承“敢·爱”品牌基因，英菲尼迪“敢爱星球”公益行动以“持久、参与、实效”为原则，关注人的平等发展，致力于打造一个平等、和谐、可持续的“敢爱星球”。2014年，聚焦自闭症的首个公益项目已经成功启动。在充分了解贫困地区儿童早期教育问题的迫切性之后，英菲尼迪决定，关爱贫困地区儿童早期发展，共将资助4个贫困县的200所幼儿园，为其在教师培养、儿童健康、早期教育和硬件建设方面提供帮助。

公益众筹得到广泛应用

9月8日，娱乐宝梦想合伙人唐嫣携手阿里巴巴公益、爱佑慈善基金会发起的“心动益起来”公益众筹造梦行动正式启动。通过淘宝众筹所得款项将捐给爱佑慈善基金会“爱佑童心”（全球规模最大的孤贫先心病儿童救助项目，目前已救助超过3万名病患儿童）项目，集结更多的力量，为孤贫先天性心脏病儿童提供医疗救助。

“心动益起来”公益众筹项目为广大网友、粉丝设立了不同的投资额度，分为5元、30元、50元、119元、1500元、20万元六档。根据捐赠的善款不同，可获取不同等级的明星权益回报，例如5元可以获得电子感恩卡，包括唐嫣爱心五连拍独家照片+感恩视频；1500元的爱心回报将是与唐嫣共进暖心下午茶，与其近距离接触。如该项目公益众筹50万元目标达成，爱佑慈善基金合作伙伴心平基金会将为“心动益起来”项目直接配捐50万元，让爱心翻倍（不纳入众筹总金额）。

“心动益起来”作为一次众筹活动，最大程度调动了公众与慈善组织之间的互动，让公益触手可及。

此外，实物捐赠也很突出。最常见的实物捐赠包括为贫困地区儿童提供御寒衣物、教学设备、图书等。开展不同形式的教学活动也可看作是对儿童教育领域的捐助方式之一。

针对性新型援助得以开展

从2012年开始，I Do基金展开了新的援助模式，将西藏行纳入了梦想计划大体系，旨在让西藏独有的民族文化艺术走进校园，提高藏区儿童艺术教育整体水平，并且借由本次考察活动，能更有针对性地为藏区孩子们的艺术教育提供支持和帮助。李厚霖亲自带队，歌星何洁、影星郝蕾与I Do基金的工作人员随行，组成了I Do基金考察团。一行人来到西藏山南地区贡嘎县和措勤县，就藏区传统的昌果卓舞和邦典织造进行了深入考察，并与当地文化部门就藏区传统艺术走进校园项目开展了深入的沟通。

2015年I Do基金的第八次进藏援助，不但带去了大量学习、生活物资，更是通过与京东合作，发起了“情系阿里，水车行动”众筹活动。在随行的众筹网友代表的见证下，落地“水车行动”，将众多社会爱心人士支持下成功筹资购置的一辆打水用皮卡车捐赠给了霍尔小学。谈及为何选用此种形式，李厚霖说：“I Do基金一直在致力探求持续长久的慈善公益模式，而众筹是最近两年基于互联网兴起的公益创新模式，其开放性、互动性是吸引我们的主要原因。”

把I Do基金打造成一个开放式的公益平台，带动更多人参与慈善公益活动，是李厚霖一直以来的心愿。在他的带领下，I Do基金不但尽己之力长期坚持慈善援助，更希望通过I Do基金平台，一方面让更多人了解弱势群体需要得到的帮助，一方面完成大家帮助他人的愿望，升级慈善公益模式，并由此实现慈善公益事业的良性循环。

（四）2015年扶贫领域捐赠情况分析

当前，我国脱贫攻坚形势依然严峻，截至2014年年底，全国仍有7000多万农村贫困人口。2015年11月27日至28日，中央扶贫开发工作会议在北京召开，扶贫工作被提到新的高度。其中，“精准扶贫”概念的提出为解决贫困问题指出了方向。但由于扶贫含义广泛，涉及教育、医疗、环境等方方面面，因而对扶贫捐赠难以进行明确的界定和划分。

2015 年，扶贫捐赠也是捐赠的重点领域之一，形式、内容较多，社会关注度也很高。其中，电商扶贫显示出强大的活力。

扶贫捐赠范围广泛

由于经济落后的原因，教育、医疗、交通等各方面都会受到影响，在很多人看来，无论是捐给哪个领域，都是扶贫，扶贫与济困似乎没有多大差别。这一点在 2015 年的扶贫日活动中表现得非常明显。

2015 年 10 月 17 日是中国第二个扶贫日。为发展壮大健康暖心扶贫基金，动员更多社会力量参与健康暖心工程，扎实推进卫生计生扶贫工作，10 月 19 日，在国家卫生计生委财务司的指导下，中国人口福利基金会在北京举行了健康暖心扶贫基金捐赠仪式。

捐赠仪式现场募集项目资金 1 亿元。其中，中国医学科学院肿瘤医院，华中科技大学同济医学院附属协和医院，华中科技大学同济医学院附属同济医院，中南大学湘雅医院、湘雅二医院，山东大学齐鲁医院 6 家预算管理医院累计向“健康暖心”扶贫基金捐赠 1800 万元。“健康暖心——基层医疗装备联心助医计划”项目向四川省、河南省、浙江省、吉林省和榆林市基层医疗机构捐赠医疗设备价值 7700 余万元。当天还启动了“万名乡村医生资助计划”，解放军 304 医院的代表向乡村医生代表捐赠价值 1000 万元的乡村医生健康设备和手术服务。

2013 年，国家卫生计生委委托中国人口福利基金会在吕梁山片区 4 个定点扶贫县组织实施了健康暖心工程，为特殊困难家庭及人群提供大病救助、医疗补助、养老服务救助及实施先天性心脏病儿童免费救治等“一免三助”服务，开展贫困地区基层医生培训、为贫困地区医疗卫生机构捐赠医疗设备及相关物资，并设立健康暖心扶贫基金，动员更多社会力量参与，保障和推动健康暖心工程更加深入广泛开展。两年多来，累计动员社会资源1.2亿元，累计投入9000余万元，为896人提供大病救助、1375人提供医疗补助，对口支援7个国家级贫困县医疗卫生机构，培训管理及临床医生1285名，直接救助贫困患者24174人。

精准扶贫得到体现

在2015年11月举行的中央扶贫开发工作会议上，国家主席习近平指出，要坚持精准扶贫、精准脱贫，重在提高脱贫攻坚成效；要解决好“扶持谁”的问题，确保把真正的贫困人口弄清楚，把贫困人口、贫困程度、致贫原因等搞清楚，以便做到因户施策、因人施策。而从直接给钱给物，到实现“血液再造”，“授人以鱼不如授人以渔”的理念在近年来的扶贫工作中越来越得到重视。

5月11日，SPI绿能宝位于宁夏海原县张堡村光伏扶贫工程项目顺利完成，由此也正式拉开了宁夏2015年度光伏扶贫行动的序幕。

国家能源局在2015年年初下发《光伏扶贫试点实施方案编制大纲（修订稿）》指出，光伏扶贫试点工作以解决无劳动能力贫困户为试点工作目标。从提出的光伏扶贫试点建设方案来看，本次方案分为户用分布式光伏发电模式、基于荒山荒坡的各种规模光伏电站模式以及基于农业设施的光伏发电模式三大类。为积极响应国家对家庭精准扶贫的号召，SPI绿能宝团队深入宁夏扶贫开发工作重点县内的贫困户安装分布式光伏发电系统，该项目涉及宁夏2个县（区）3个乡镇3个行政村，将惠及3000户农户。

经过前期的精心调研，项目将宁夏海原县张堡村、黑城村，永宁县原隆村等列为项目重点区域，这些区域太阳能资源丰富，屋顶结构、屋顶倾斜角等都符合安装固定式光伏发电系统要求，具有良好的建造屋顶分布式光伏项目的技术接入条件。随着这些项目的成功推进，将会为SPI绿能宝的光伏扶贫工程奠定基础。

作为新一代国际化能源互联网公司，SPI 绿能宝开展宁夏光伏扶贫项目不仅是“授人以渔”的经济助力行为，更是实现让人人成为太阳能的生产者与收获者的实际践行，把 SPI 绿能宝所倡导的绿色清洁理念传递到更广大的区域，实现增收、扶贫、光伏应用、绿色清洁的多赢局面。

电商扶贫成为新的发展方向

在“互联网 +”的大背景下，如何充分利用网络优势，整合巨大的潜在资源，为广大的贫困人口提供就业创业的途径，成为新时代摆在每个人面前的问题。而运用市场机制扶贫，离不开企业的力量。对于企业而言，农村不仅是扶贫的对象，更是一片市场的蓝海。这一点突出表现在电商扶贫上。农村电商被赋予发展经济和扶贫济困的双重角色，各大电商企业纷纷布局农村市场，并相应提出扶贫计划。

电商扶贫一度被解释为：通过互联网的核心优势，整合设计、宣传、推广等资源，与被边缘化的生产者紧密合作，将他们从易受伤的角色，转化成为商品的利害关系人，在市场中扮演更积极的角色，从而使其获取更多利润，达到扶贫的效果。

2015 年 10 月 12 日，阿里巴巴农村淘宝上行渠道首次尝试公开预售“团年猪”。这些猪苗都是来自安徽舒城、江西进贤、黑龙江明水三地的土猪，挑选约 4000 头农户生产的生猪发起预售，预售之后猪苗由农户继续代养，等春节前出栏宰杀完毕后配送到消费者手中。

预售期间一头整猪的认购费用为 2499 元，多人合并认购一头猪的话，每斤猪肉约合 24.8 元，相当于一次性地在预售期间募集了养猪款，通过订单农业的方式解决了农民的后顾之忧。对于消费者而言，所有猪苗首次上了保险，若因不可抗力、卖家原因不能如约发货，消费者则订单年化收益率高达 8%。

农村淘宝合伙人正是阿里布局农村电商及扶贫工作的重要一环。

所谓农村淘宝，就是通过搭建县村两级服务网络，充分发挥电子商务优势，突破物流和信息流的瓶颈、人才和意识的短板，实现“网货下乡”和“农产品进城”的双向流通功能，加速城乡一体化，吸引更多的人才回流创业。

2014 年 10 月阿里集团发布了农村战略，提出了“服务农民，创新农业，让农村变美好”的目标，计划在接下来的 3—5 年，拿出 100 亿元投入 1000 个县的 10 万个行政村，用于当地电子商务服务体系的建设。截至 2015 年 9 月 30 日已经在 22 个省、147 个县落地，包括了 31 个国定贫困县和 42 个省级贫困县，贫困县覆盖率达到 50%。2015 财年农村淘宝计划扩至 250 个县，其中至少包括 100 个国定或省级贫困县。

配合农村淘宝，阿里旗下的各项涉贫业务也加速推进，共同搭建起农村电商扶贫工作。淘宝大学半年来已成功开办 31 期县长电商研修班，覆盖全国 25 个省（区）424 个县，培训县级领导干部 1174 人，其中包含了 170 个国定和省级贫困县。未来淘宝大学可以给 16 万个贫困村驻村书记送课上门。蚂蚁金服连接了 2300 多家农村金融机构，服务了 200 多万农村电商以及数量庞大的农村支付宝用户，2014 年为来自 832 个国定贫困县的约 2.02 万名经营者发放贷款 29.73 亿元。

而作为扶贫样板，腾讯基金会正努力把贵州黎平铜关村建成中国第一个移动互联网村。在这里，共有 50 名村民接受了第一批培训，其中 39 名通过考试、签署合作协议、自愿缴纳 200 元押金并同意在遵守《村规民约》的基础上，承诺至少在半年内与腾讯“移动互联网村”项目团队充分配合，依托微信展开村寨事务协作，并领到由中兴通讯捐赠的智能手机一部。该手机预装了微信、地图、音乐、搜索等软件，与乡村的实际需求无缝对接。腾讯基金会与中国移动达成战略合作协议，移动在当地特别架设基站，提供 4G 网络的支持，同时给每名村民提供20个月每月1G的上网流量，让村民们更加顺畅和充分地使用手机。

这场培训是腾讯“移动互联网乡村”计划的一部分，借助自身的互联网核心能力助推西部乡村发展，是这一计划的主旨。腾讯于2011年7月与黎平县委县政府合作，捐资1500万元，在岩洞镇建设腾讯·铜关侗族大歌生态博物馆，并整合设计师、电商及推广资源，为当地农副产品、手工艺品增加附加值，希望以公平贸易的方式，为村民提供在家门口就业的机会和一份有尊严的收入。

农村电商也是京东集团2015年度五大重要战略之一，包括工业品进农村、农村金融以及生鲜电商三部分。

9月20日，京东第1000家“京东帮”服务店在贵州省遵义市开业，提前近四个月完成了2015年年初制订的农村电商全年发展计划，并在继续增加。至此，京东在近10个月的时间里，近600家县级服务中心开业，招募乡村推广员近10万人，1000家“京东帮”服务店投入运营且其服务范围覆盖近30万个行政村。在口口相传的口碑营销至关重要的农村，推广员的作用不可忽视。接下来，京东将尝试利用农资销售平台和乡村推广员体系，从种子、化肥和农药的销售到日常使用，严控农产品的品质，为食品安全问题的解决贡献更多思路。

京东创始人、首席执行官刘强东说，京东与其他几家电商农村战略的最大不同，是京东更加重视农村电商基础的夯实，京东花了整整一年的时间搭建农村的物流和村民代理体系，希望通过京东让农户和消费者建立直接的联系。

（五）2015年赈灾领域捐赠情况分析

2016年年初，民政部和国家减灾办等部门联合发布了2015年全国自然灾害基本情况。经核定，2015 年各类自然灾害共造成全国 18620.3 万人次受灾，819 人死亡，148 人失踪，644.4 万人次紧急转移安置，181.7 万人次紧急生活救助；24.8 万间房屋倒塌，250.5 万间房屋不同程度损坏；农作物受灾面积 21769.8 千公顷，其中绝收 2232.7 千公顷；直接经济损失 2704.1 亿元。

综合来看，2015 年全国灾情总体偏轻。与 2014 年相比，因灾死亡失踪人口、倒塌房屋数量偏少 4 成以上；与 2000—2014 年均值（不含 2008 年）相比，倒塌房屋数量偏少 8 成以上、因灾死亡失踪人口偏少 6 成以上。

但灾害的发生依然牵动着每一个人的心弦，最直观的体现就是高额、迅速地捐款捐物，这也成为民众参与到救灾减灾行动中的一种传统。

尼泊尔地震牵动中国

北京时间 2015 年 4 月 25 日 14 时 11 分，尼泊尔发生里氏 8.1 级地震，属浅源性强震；中国西藏震感强烈，灾害导致重大损失和人员伤亡。地震发生后，中国民间救援力量几乎零时差启动应急反应，中国扶贫基金会、壹基金等多家救援队迅速赶赴尼泊尔。这次地震救援是中国民间反应最快、规模最大的一次海外救援行动。中国的救援体系在多次历练中已迅速成长起来。

地震发生后，中华慈善总会开始接收社会各界援助尼泊尔、中国西藏地震灾区的救灾捐赠。腾讯公益慈善基金会第一时间启动救灾计划，通过中国扶贫基金会、壹基金等国内知名灾难救援机构，向包括中国西藏、尼泊尔等地区的灾区受灾民众捐赠人民币 200 万元，用于紧急救灾。去哪儿网也在第一时间启动救灾响应机制，向尼泊尔、中国西藏等灾民捐赠 20 万元人民币用于紧急救灾。

在网上募款平台，更能直观地显示民间爱心之沸腾。腾讯公益平台2小时40分钟后上线筹款项目，不到30个小时，网友为尼泊尔募款超1000万元，这也是迄今为止中国网友针对海外灾难最大规模的捐款。

名人捐赠方面，2015年5月20日，赵本山把刚刚收到的广告费700万元，全部捐赠给西藏地震灾区，以表达对西藏灾区观众的关爱。

对其他自然灾害关注不足

与地震引起的大范围捐款相比，其他自然灾害显示出区域性、地方性特点，关注度明显降低，捐款数量也不可同日而语。

尽管2015年全年总体上灾害偏轻，但局部灾区仍比较严重。

2015年，我国大风、冰雹、龙卷风、雷电等局地强对流天气发生频繁，局地强对流造成的灾情重，其中湖北、河北、山西、河南、陕西、甘肃等省风雹灾情重。5月6—8日，陕西、山西、河南出现冰雹、大风等强对流天气，造成194万人受灾，农作物受灾面积16.7万公顷，直接经济损失12.8亿元。

但不管是媒体报道，还是通过网络搜索，几乎没有大额捐赠的信息。这一点与往年的情况基本类似。

2015年11月13日22时50分左右，丽水市莲都区雅溪镇里东村发生山体滑坡，造成重大人员伤亡和财产损失。根据丽水市政府的官方微博“@丽水发布”，截至17日20点25分，38名失联群众已经搜救出34人，其中，确认遇难的有33人，1人生命体征平稳，尚有4人失联。

灾害发生后，丽水里东村灾区陆续接到来自社会各界的捐款，截至17日16点，共接收捐资总额累计2042960.06元。其中，“莲都区民政局接受捐款专户”接收捐资725685元，“莲都区慈善总会慈善款专户”接受捐资1011962元，“莲都区红十字会赈灾捐款专户”接收捐资270970元， “共青团莲都区委支付宝捐款专户”接收捐资

34343.06 元。

此外，在里东村山体滑坡发生后第一时间，黄晓明发布声明捐款30 万元，其“明天爱心基金”的工作人员也把 200 套物资发放到当地村民手中，每套物资包括脸盆毛巾、牙刷牙膏香皂洗衣粉、饭盆汤勺、女性卫生用品、卷纸、保温壶等。

（六）2015 年公益行业建设领域捐赠情况分析

据《2014 中国公益行业人才发展现状调查》及《2014 中国公益慈善行业高端人才就业市场及薪资指南》两份报告显示，一方面公益组织求贤若渴，公益行业人才紧俏；另一方面，公益从业人员流失率依然很大，薪酬待遇、晋升空间、培训及能力提升体系等，都是制约公益行业发展的因素。基于这一现状，2015 年公益人才的培养被提到新的高度。

2015 年 4 月 26 日，由民政部和清华大学联合发起成立的科研机构清华大学公益慈善研究院成立。全国政协委员、清华大学教授王名出任首任院长。

研究院将开展四个方面的研究：一是公益慈善的制度和体制研究，二是公益慈善的组织和治理研究，三是公益慈善的资源和项目研究，四是公益慈善的价值和文化研究。努力发展成为一个体现国家战略、融入创建一流大学进程、致力于公益慈善研究与人才培养体系建设的国家级智库，为推动中国公益慈善事业的发展作出积极贡献。

11 月 12 日，由比尔·盖茨等中美慈善家支持的中国首家国际公益学院在北京举行成立仪式，这是比尔·盖茨首次支持在中国建立公益教育机构。

深圳国际公益学院由深圳市亚太国际公益教育基金会主办，由比尔及梅琳达·盖茨基金会联席主席比尔·盖茨，美国桥水公司联席首席投资官、北京达理公益基金会理事瑞·达利欧，老牛基金会创始人、荣誉会长牛根生，北京巧女公益基金会会长何巧女，浙江敦和慈善基金会名誉理事长叶庆均等5位中美慈善家联合倡议成立。

据了解，深圳国际公益学院开办资金为1000万元人民币。此次发起倡议的5家基金会，将在最初的5年中，以每家每年200万美元的方式向学院主办方深圳市亚太国际公益教育基金会提供资金支持，用于该基金会的建立以及学院的搭建、人才引进。

此外，北京达理公益基金会已为学院另提供了500万美元善款，用于启动该学院与哈佛大学的合作项目。深圳市亚太国际公益教育基金会也希望在未来寻求更多的捐赠方。

作为中国首家由中美慈善家创建的国际性公益学院，深圳国际公益学院将通过创建国际公益学院导师计划，打造“公益慈善组织管理”“社会企业与社会创新”“社会服务与社会工作”“家族慈善与传承”“公益慈善筹款”“公益慈善与人文”等专业教学研究体系，建设以培养慈善家、慈善组织高级管理人才为主，以社会服务认证教育和大众教育为依托的应用型公益慈善教育培训和知识传播体系。

如今正值中国公益事业蓬勃发展之际，为了推动这个时期中国公益事业走向专业化、系统化，培养大量专业人才是关键，深圳国际公益学院的成立恰逢其时。

行业热点事件

1. 马云关注乡村教师，每年捐赠1000万元

2015年9月16日，马云在北京师范大学为“马云乡村教师计划暨首届马云乡村教师奖”召开了新闻发布会。从2015年开始，马云公益基金会每年将拿出1000万元，为100名乡村教师提供资助和持续3年的专业发展支持。

马云表示，中国的乡村教师有近300万名，他们担负着4000多万名乡村孩子的教育。这些钱是微不足道的，但他希望能够用下半辈子的时间，做乡村教师的代言人，唤起整个社会、整个国家、整个民族对教师、对乡村教师的关注和重视。

从新闻发布会开始，乡村教师有了自己的代言人。但这能够解决乡村教师的问题吗？对此，马云有着清醒的认识。中国目前有近300万名乡村教师，“靠捐助是没有办法让老师真正富起来的，老师真正富起来是内心的富”。

因此，马云强调：“我的想法其实蛮简单，就是希望老师受人尊重，受学生热爱。”他希望从这100名教师开始，大家可以用欣赏的眼光去看待他们，去看待他们所代表的近300万名乡村教师。而这些乡村教师再用欣赏的眼光去看待他们的学生，影响的将是中国的未来。因为好孩子是被用欣赏的眼光看出来的。

2015年首届“马云乡村教师奖”评选首先在陕西、甘肃、宁夏、云南、贵州、四川六省区进行，在六省区连续工作5年以上的一线乡村教师（包括乡镇、村，不含县城）均可以申报。

候选人需通过推荐产生，媒体、在上述六省区开展农村教育项目的公益机构、教科研单位、项目实施省区县教育行政部门、乡村学校都可以推荐候选人。

马云公益基金会和北京师范大学中国教育创新研究院、6家联合主办媒体联合成立评选组委会并建立专家评审委员会，邀请对乡村教育拥有热情并深入了解的多元背景代表组成评审委员会参与评审，同时在终评环节加入网络评选，使更多关注乡村教师的人能够参与其中。

12月20日之前，首批100位优秀乡村教师会最终评出，入选者每人将获得10万元资金资助。

获得“马云乡村教师奖”的教师须承诺：获得资助的3年期间继

续在乡村学校一线任教；持续参加“马云乡村教师奖”专业发展培训；不断创新，运用教育智慧，为学生提供高质量的教学；发挥引领作用，与本区域内教师分享教育教学经验，实现共同发展。

对于今后的发展方向，马云表示：“未来希望更多的年轻人能够参与进来，建立一个全国性的支撑平台，让乡村老师可以传授、分享自己的经验、案例。我们将用公益的心态、商业的手法，去推动对乡村教师的支撑和服务。”

2. “8·12”天津大爆炸，社会捐款喷发

2015年8月12日23：30左右，位于天津滨海新区塘沽开发区的天津东疆保税港区瑞海国际物流有限公司所属危险品仓库发生爆炸，造成重大人员伤亡和财产损失。

爆炸发生后，中国扶贫基金会紧急救援部、天津蓝天救援队等民间救援队伍第一时间响应，协助政府做好救援工作。社会各界迅速响应、纷纷捐款，除部分企业、个人直接联系受助人、天津港公安局外，中华社会救助基金会安居防火救助基金、天津市青少年发展基金会、中国红十字基金会等公益机构成为重要捐款途径。大量善款指定捐助给伤亡消防员及其家属。

9月30日，天津市社团局通过其微信公众号对捐赠款物情况进行公示：据不完全统计，自8月13日至8月31日，全市社会组织共接收或募集资金14702.91万元，款物折合现金233.65万元。其中，接收款物较多的社会组织分别是天津市红十字会3638万元，天津市慈善协会2325万元，天津市妇女儿童发展基金会1557.1万元，天津市光彩事业促进会890万元，天津市青少年发展基金会785.8万元。

对于天津爆炸捐款，存在不少质疑声。有公益人士认为，消防员群体不同于地震、水灾等灾害后的受灾群众，捐钱捐物不能解决燃眉之急。用善款来抚慰还没有从悲痛中缓过来的家属，不专业也不人道。

爆炸发生后，无国界社工、中国社会工作者联合会、南开大学等社会工作领域专家，与天津医科大学总医院共同探讨事故伤员的心理危机干预、伤者家属的后续支持、社会志愿者和资源的整合利用，建立天津8·12医务社工站，通过资源整合及各方合作，帮助事故伤者治疗。

3. 深圳国际公益学院成立

2015年11月12日，由比尔·盖茨等中美慈善家支持的中国首家国际公益学院的成立仪式在钓鱼台国宾馆举行。民政部副部长邹铭、深圳市市长许勤等领导莅临现场，比尔·盖茨、马云等百余位慈善家到场共同见证了这一时刻。

据了解，深圳国际公益学院由深圳市亚太国际公益教育基金会主办，由比尔及梅琳达·盖茨基金会联席主席比尔·盖茨，美国桥水公司联席首席投资官、北京达理公益基金会理事瑞·达利欧，老牛基金会创始人、荣誉会长牛根生，北京巧女公益基金会会长何巧女，浙江敦和慈善基金会名誉理事长叶庆均等5位中美慈善家联合倡议成立。

这是比尔·盖茨首次支持在中国建立公益教育机构，盖茨表示："通过发起成立深圳国际公益学院，我们希望为那些愿意贡献自己的领导才能、聪明才智和丰富资源的人提供支持，共同消除不平等现象，创造一个让所有人都能过上健康而富有成效生活的世界。"

据悉，深圳国际公益学院于10月28日经深圳市教育局批准设立，开办资金为1000万元人民币。此次发起倡议的5家基金会，将在最初的5年中，以每家每年200万美元的方式向学院主办方深圳市亚太国际公益教育基金会提供资金支持，用于该基金会的建立以及学院的搭建、人才引进。

此外，北京达理公益基金会已为学院另提供了500万美元善款，用于启动该学院与哈佛大学的合作项目。深圳市亚太国际公益教育基金会也希望在未来寻求更多的捐赠方。

作为中国首家由中美慈善家创建的国际性公益学院，深圳国际公益学院将通过创建国际公益学院导师计划，打造“公益慈善组织管理”“社会企业与社会创新”“社会服务与社会工作”“家族慈善与传承”“公益慈善筹款”“公益慈善与人文”等专业教学研究体系，建设以培养慈善家、慈善组织高级管理人才为主，以社会服务认证教育和大众教育为依托的应用型公益慈善教育培训和知识传播体系。

在组织架构上，深圳国际公益学院将实行董事会领导下的院长负责制，第一届董事会主席由招商银行原行长马蔚华担任。在当天的成立仪式上，马蔚华为北京师范大学教授王振耀颁发了聘任书，将由后者担任这所国际公益学院的院长。

在当日的钓鱼台国宾馆现场，众多中美慈善家和热心慈善的企业家的到场参与，也让这家国际公益学院的成立仪式显得格外隆重。

比尔·盖茨来到现场发表演讲。学院发起方之一的代表、北京达理基金会创始理事瑞·达利欧对学院的成立起到了重要的推动作用，作为美国桥水公司联席的首席投资官，他本人更在美国享有对冲基金教父之称。北京巧女公益基金会会长何巧女也作为发起方代表出现在启动仪式上，今年，她以股捐的方式捐赠近30亿元人民币，吸引了国内整个公益行业的眼球。她在现场道出支持学院成立的关键：“现在正值中国公益事业蓬勃发展，为了推动这个时期中国公益事业走向专业化、系统化，培养大量专业人才是关键。”

发起方代表、老牛基金会秘书长雷永胜认为，希望通过此类项目的实施，增进与众多国内外同人的合作，促进彼此间的学习交流，整合更多的公益慈善资源，吸引社会各界力量关注乃至投入到公益慈善人才培养中，解决行业人才缺乏的现状，从而推动公益慈善事业的发展。

发起方代表、浙江敦和慈善基金会理事张志洲则认为，当下公益行业内的人才不足与资源困境，已形成恶性循环，不打破这种恶性循环，公益行业将难以发展。他说："因此，基金会投资于人是最有价值的投资。我们也呼吁更多的慈善家出钱、出力、出思想，一起来投资于人，培育公益事业的未来。"

作为热衷慈善的国内企业家代表，阿里巴巴集团董事局主席马云也到场共同见证了学院的启动。他说："中国的公益事业这几年总体来说进步得很快，但基础设施还远远不够，公益机构增长也很快，但能力不足。我相信公益事业应采用公益的心态和商业的手法，公益事业要像公司一样，有愿景、有战略、有组织、有人才，要把公益产品化，但这些都不是一个人可以完成得好的事情。这次公益学院的成立，能够培养更多从事公益的专业人才，在中国，这是非常了不起的。我们很荣幸能参与这个倡议。"

4. 苏宁与国务院扶贫办签署战略合作协议

2015 年 9 月 25 日，苏宁云商和国务院扶贫办在北京签署全国农村电商扶贫战略合作框架协议，双方将在 104 个贫困县实施"电商扶贫双百示范行动"、电商扶贫 O2O 展销专区、"10·17 扶贫购物节"、农村电商人才培养四个方面展开合作。据初步统计，该协议签署后，将惠及全国 104 个贫困区县，1 万余个贫困村，234 多万户农村贫困家庭，761 万贫困人口。

为积极响应国务院动员社会各方面力量参与扶贫工作号召，苏宁与国务院扶贫办达成战略合作框架协议，通过"互联网 + 扶贫"模式，助力贫困地区"精准扶贫"，以"农户 + 企业 + 基地 + 电商"探索 O2O 双线扶贫模式，目的是把贫困地区绿色的、优质特色农副产品卖到城里去，卖个好价钱，卖出品牌，也让城里人享用到放心的、健康的食品，实现双赢。

苏宁和国务院扶贫办将共同推动"电商扶贫双百示范行动"，未来 3 年将在 100 个适合发展农村电商的贫困县建设 100 家店，并相应在苏宁易购上线 100 家"地方特色馆"。

苏宁将利用线下1600家门店的优势，在部分门店建设电商扶贫O2O体验展示专区，集中展示扶贫地区优质特色农副产品与旅游等资源。目前计划在北京联想桥云店中开设专区，展示104个贫困县的优质特色农副产品。

国务院扶贫办还将联合苏宁打造“10·17扶贫购物节”，呼吁全社会共同参与扶贫公益。此外，苏宁计划协助104个贫困县政府加强电子商务实用性培训，培育更多农村电商人才队伍，预计3年培训累计不低于10000人次。

苏宁云商副董事长孙为民表示，脱贫致富是扶贫工作终极的目标，不能只停留在某一个环节，通过零售CPU能力的输出，打通“造血扶贫”全流程，让扶贫工作规模化、系统化、产业化，真正凸显造血效果。此次战略合作要因地制宜，实现动态的产业化扶贫。

近年以来，苏宁已经在江苏、云南、湖南等多个省份试水“造血扶贫”，将零售CPU能力运用到扶贫项目中。为帮助当地更好地推进农产品电商化进程，苏宁免除当地商户在苏宁易购上的第一年平台使用费以及平台技术服务年费，并将在电商运营方面给予扶植，真正实现生产、销售、物流、推广等全流程的产业化扶贫。

苏宁众筹将帮助当地打造农产品众筹活动，苏宁物流分享物流资源，帮助当地降低运输成本，提高当地农民收益比例；根据当地电商运营实际需求，苏宁金融还提供供应链融资及小额贷款等金融服务，帮助培育当地农产品电商发展力量。

未来3年，苏宁将在国务院扶贫办的指导下，将企业资源和业务能力进一步投入“电商扶贫双百示范行动”中，“量身定制”扶贫方案，助力精准扶贫事业的整体提升，以精准扶贫推进全面小康。

九

社会治理新常态下的社会工作

2015年，社会工作首次纳入政府工作报告，并且再次纳入国家法律，多个社会工作相关的部门规章出台，多地出台立法并制定了相应配套政策。在社会工作事业发展顶层设计、社会工作人才队伍建设、社会工作专业服务等多方面全力推进工作开展，取得了重要进步。

社会工作事业发展制度发展

2015年3月5日，国务院总理李克强在政府工作报告中指出要“支持群团组织依法参与社会治理，发展专业社会工作，志愿服务和慈善事业”。“发展专业社会工作”首次写入政府工作报告，纳入了政府议事日程，这是继2006年党的十六届六中全会提出“建设一支宏大的社会工作人才队伍”这一战略部署后，在社会工作发展史上又一个重要事件。政府工作报告首次专门提出发展专业社会工作，是对社会工作价值和作用的充分肯定，也为社会工作的进一步发展定下了宏观基调。

法律方面，2015年12月27日，第十二届全国人大常委会第十八次会议通过了《中华人民共和国反家庭暴力法》，对社会工作服务机构开展心理健康咨询、家庭关系咨询、家庭暴力预防知识教育作出了明确规定，强调各级人民政府应当支持社会工作服务机构开展反家庭暴力服务。这是继2014年《社会救助暂行办法》之后，社会工作被再次纳入国家层面的法律，为我国社会工作专业发展和专业教育的发展提供了又一法律框架。

2015年1月1日起，财政部、工商总局印发的《政府购买服务管理办法（暂行）》开始实施，该办法明确规定社会工作服务作为社会管理性服务的一类应当纳入政府购买服务指导性目录。5月4日，民政部、财政部联合发布《关于加快推进社会救助领域社会工作发展的意见》，对社会救助领域社会工作开展作了全面规定。6月，国家卫生计生委、民政部等10部门出台《全国精神卫生工作规划（2015—2020年）》，要求加强精神卫生社会工作专业人才培养使用，这是该领域首次提出推进精神卫生社会工作政策的要求。12月15日，国家禁毒办、公安部、民政部等11部门联合颁布《全国社区戒毒社区康复工作规划（2016—2020年）》，明确提出了要加快建立禁毒社会工作专业人才队伍，促进社区禁毒社区康复工作专业化、职业化，进一步明确“到2019年底禁毒戒毒社会工作者占社区戒毒社区康复专职工作人员比例达到30%以上”。

10月，首部社会工作服务领域综合性地方法规《广州市社会工作条例》颁布。全国20多个省份如北京、天津、内蒙古、江苏、福建、江西、浙江、山东、重庆等地围绕社会工作人才培养、职业水平考试和继续教育，以及社会工作各领域专项政策出台了相应的配套政策。

社会工作行业组织发挥作用

3月18日，中国社会工作协会正式更名为中国社会工作联合会。更名后的中国社会工作联合会成为同性质、同类别社会组织的中枢组织和联合平台，是政府的参谋助手、行业的发展推手和会员的桥梁纽带，充分发挥服务政府、服务行业、服务会员的职能和加强行业自律、规范行业行为，反映行业诉求、维护行业权益、促进行业发展作用。

5月22日，中国社会工作学会在北京正式成立，成为社会工作领域首个国家一级学术团体。截至2015年年底，全国共成立455家社会工作行业协会，比 2014 年增长 57.4%，其中有 30 个省级行业协会，129 个地市级行业协会，296 个县级行业协会，它们在社会工作事业健康有序、深入持续发展中发挥了积极作用。民办社会工作服务机构有 4686 家，比 2014 年增长 33%。其中北京、内蒙古、上海、江苏、福建、山东、湖南、重庆、云南、陕西等地民办社会工作服务机构数量突破 100 家，广东民办社会工作服务机构数量突破 1000 家，浙江、四川民办社会工作服务机构数量突破 500 家。同时，中国社会工作联合会积极与有关地区和单位开展合作，先后培育和支持了 18 家社会工作实务创新基地，并尝试通过区域试点的方式探索社会服务的立足点和社会创新的突破点。

北京、天津、辽宁、黑龙江、上海、浙江、安徽、广东、重庆、宁夏、新疆、大连、青岛、深圳 14 个省（区、市）和计划单列市民政部门分设了社会工作处（办公室），上海、新疆、贵州、内蒙古等省（区、市）设立了社会工作事业单位。北京、重庆、黑龙江、宁夏、辽宁等省（自治区、直辖市）民政厅（局）单独设置了社会工作处，全国 11 个省（自治区、直辖市）设有单独的社会工作职能部门。截至 2015 年年底，各地在事业单位、城乡社区开发设置社会工作专业岗位 181273 个，比 2014 年增长 59.1%。其中，北京、辽宁、上海、江苏、山东、广东等地专业社工岗位数量超过 1 万个。

社会工作多领域探索

依据《关于加强青少年事务社会工作专业人才队伍建设意见》，团中央联合民政部开展了青少年社会工作服务项目示范活动，确定了 101 个全国首批青少年事务社会工作示范项目。

为贯彻落实《民政部关于加强推进灾害社会工作服务的指导意见》，充分发挥社会工作专业人才在防灾减灾和灾后恢复重建中的作用，重庆、上海、深圳、北京、广东、四川等地相继成立灾害社会工作服务队，根据灾情需要，及时为受灾人员提供生活救助、心理疏导、情绪抚慰、关系重建等服务。值得一提的是，在天津港爆炸事件中，政府、社会及公众积极参与和支持救援工作。天津市以各级行政区域或教育、医疗等专门领域的社会工作协会等行业组织和具有较大影响力、较高社会认同度的社工机构为平台，建立了社工统一协调小组，整合人、财、物等资源，开展救援行动。

自两高两部联合召开全国社区矫正工作会议并出台《关于全面推进社区矫正工作的意见》以来，各级司法行政机关与各有关部门密切配合，坚持国家专门机关与群众工作相结合，通过政府购买社区矫正社会工作岗位、培育扶持能够承接矫正服务的社会组织和社会工作服务机构、组建社区矫正社会工作者队伍，确保社区服刑人员在矫正期间再犯罪率一直保持在0.2%左右的较低水平。

党中央、国务院下发《关于加强禁毒工作的意见》后，我国不少地区尝试运用社会工作手法介入禁毒戒毒工作。民政部、公安部和广东省公安厅、禁毒局、民政厅等相关部门领导，以及境内外戒毒机构、社工机构、高校等相关单位的专家学者和社工等专业人士在第二届中国社会工作珠江论坛中，就我国禁毒形势、禁毒戒毒社会工作政策、理论、方法、实务、组织发展、人才培养等方面进行了深入的讨论，肯定了社会工作者对禁毒工作的宣传及对戒毒者的帮扶作用。

《中共中央国务院关于深化医疗卫生体制改革的意见》中首次提出，"完善医疗执业保险，开展医务社会工作，完善医疗纠纷处理机制，增进医患沟通"，明确了医务社会工作是医疗卫生体制改革的重要内容，这对我国医务社会工作的发展具有重要的政策意义和实践意义。截至11月底，全国有13632家医疗机构开展了社工服务，有19195家医疗机构开展志愿者服务，充分发挥社工和志愿者在医患沟通中的桥梁与纽带作用。

各地在拓宽社会工作服务领域的同时，也在不断探索和创新服务模式，“三社联动”和“两工协作”是最大的亮点。以社区为平台、以社会组织为载体、以社会工作专业人才为支撑的“三社联动”和社会工作专业人才引领志愿者、志愿者协助社会工作专业人才的“两工协作”，成为创新社会治理、加强社区建设、完善社会服务、延伸民政臂力的有效途径。

社会工作人才队伍建设扎实推进

继《社会工作专业人才队伍建设中长期规划（2011—2020年）》发布以来，我国社会工作人才队伍建设的推进工作已落地长达5年的时间，这是验收社会工作人才队伍建设成效的重要节点。

学历教育方面，不仅将社会工作专业教育纳入全国教育计划，还逐渐将计划落到实处。截至2015年年底，全国有321所高等院校开办了社会工作专业本科，70所高职高专院校开设了社会工作专业专科，其中具有社会工作硕士学位（MSW）授予权的学校有104所。

同时，各地大规模开展了形式多样的社会工作专业培训，共培训各类社会工作从业人员30余万人次。以实施2015年社会工作专业技术人才知识更新工程、“大爱之行”项目培训、“三区”培训计划为抓手，组织开展了社会工作和志愿服务标准化、全国专业社会工作领军人才、社会工作师、社会救助领域社会工作发展、民办社会工作服务机构管理人员等方面培训。报考2015年全国社会工作者职业水平考试的人数有27.7万人，比去年增加7万多人。其中，34274人取得助理社会工作师证书，13155人取得社会工作师证书，取得社会工作者职业水平证书人员总数已达206183人，为社会工作发展提供了力量。截至2015年年底，通过职业水平考试、高校教育和专业培训，全国社会工作专业人才近50万人。

近年来，督导的培训越来越多，且不断地引进中国港澳台和国外经验丰富的社会工作督导，逐步实现我国社会工作督导的本土化。此外，地区人才激励工作也取得了进展。云南省“兴滇人才”、山东省“齐鲁和谐使者”评选活动的持续推进，内蒙古自治区“草原英才”工程、湖北省武汉市“黄鹤英才”计划的不断实施，都为激发大批社会工作者投身社会服务起到催化作用，也提升了他们的生活价值感和职业成就感。

社会工作行业中已有“领军人物”“社工人物”和“最美社工”三大头衔得到社会的普遍认可。这既是对社会工作专业人才的个人激励，也对培养造就高素质社会工作专业人才，优化社会工作专业人才队伍结构，激发社会工作专业人才开展专业服务、参与社会治理、推动社会建设、增进社会和谐具有重要促进作用，更是在某种程度上为社会工作专业化和职业化指明方向。

行业标准体系逐步建立

2015 年，中国社会工作联合会协同社会工作专家学者、行业机构资深工作者对国内外社会工作领域的服务标准进行系统调研，推出了针对机构、老年社工和督导的三项标准体系，包括《社会工作服务机构评估标准体系》《注册老年社会工作师职业能力标准体系》《注册社会工作督导培训认证标准体系》。

标准体系的建设与落地，不仅有利于打造社会工作的专业服务，激励社会工作人才发展，规范社工机构在多元化发展中坚守行业初衷，促进机构提升自我管理水平、提高服务质量和水平、增强机构市场竞争力，还有利于实现行业的标准化建设，推动社会工作行业健康、可持续发展。

为使社会公众更加了解社工，更加熟悉社工，更为了推动社会工作的专业化职业化发展，2015 年社会工作宣传工作内容不断更新，形式、渠道更加灵活多样。民政部组织了“发展社会工作、创新社会治理”为主题的国际社工日宣传活动，筹备建设了“中华社会工作网”，举办了社工微访谈。中国社会工作联合会举办了“第五届社工行业组织大会”“第二届全国社工知识网络竞赛”“第一届全国社会工作微课大赛”“首届全国社工微电影大赛”“寻找最美社工”“2015年度百强社会工作服务机构”等活动。各地也围绕社会工作发展、社工知识普及、社会工作政策、先进人物评选、社工经验交流等内容，利用网站、微信、微博开展深入宣传。微话剧、音乐剧、工作坊、破冰游戏等新形式的宣传层出不穷。

行业热点事件

1. 社会工作首次写进政府工作报告

2015年3月，全国“两会”隆重召开；5日上午，国务院总理李克强作政府工作报告，报告中首次提及了发展专业社会工作，表明社会工作作为社会建设的专业方法被国家高度重视，社会工作的发展将拥有更加宽阔的舞台。

在2015年政府工作报告的社会建设篇中，李克强总理强调了今年我国将持续推进民生改善和社会建设，包括促进创业就业、加强社会保障和增加居民收入、促进教育公平发展和质量提升、加强和创新社会治理等重要措施。在社会治理方面，我国将深化社会组织管理制度改革，加快行业协会商会与行政机关脱钩。支持群团组织依法参与社会治理，发展专业社会工作、志愿服务和慈善事业。鼓励社会力量兴办养老设施，发展社区和居家养老。为农村留守儿童、妇女、老人提供关爱服务，建立未成年人社会保护制度。提高公共突发事件防范处置和防灾救灾减灾能力等。

近年来我国社会工作发展迅速，社会工作的相关发展问题得到了社会各界的重视。在今年两会期间，各地人大代表、政协委员纷纷就社会工作发展的建议进行了提案。如青岛市儿童福利院的社工王明欢提出，针对政府购买社会工作服务审批过程烦琐、财政申请缓慢的问题，建议为政府购买社工专业服务方面开辟一条预估执行、后评估审批的快速通道。南昌市青云谱区信访局社工熊园园认为目前我国存在社工定位不清晰、教育培训不到位、考核晋升无标准、福利待遇缺保障等问题，建议加强社工人才教育培训，拓展社会工作服务领域。淮南市旭日社会工作综合服务中心的督导姚政宏建议对社工服务机构的准入条件进行调整，成都市温江区民政局的王涛建议建立志愿者和社工联动运行机制等。各地的代表委员从社会工作发展的各个方面进行了建言献策。

从政府报告的列明到各地代表委员的建议、提案，从国家到地方，都高度重视社会工作的发展，表明社会工作已经在进行社会治理、建设和谐社会、促进幸福民生中发挥了越来越重要的作用。相信在国家的政策支持和全国各地的大力投入下，社会工作的发展将拥有更加宽阔的空间和更加精彩的舞台。

2. “2017 社会工作亚太区域联合大会”将在中国举办

2015 年 10 月 22 日，“2015 亚太区社会工作教育协会 & 国际社会工作者联合会亚太区区域联合会议”在泰国曼谷举行，包括美国、日本、韩国等在内的 20 多个国家和地区的代表出席了会议。中国社会工作联合会参会代表向大会负责人表达了申办“2017 亚太区社会工作教育协会及国际社会工作者联合会亚太区区域联合会议”的意向。

2015 年 12 月 15 日，民政部批准同意中国社会工作联合会与国家开放大学社会工作学院联合申办“2017 年亚太区社会工作教育协会和国际社会工作者联合会亚太区域联合会议”。2016 年 1 月 5 日，国际社工联亚太区分部（IFSWAP）、亚太社工教育协会（APASWE）联合致信，正式确认由中国社会工作联合会和国家开放大学社会工作学院获得“2017 社会工作亚太区域联合大会”的主办权。

这是中国大陆第一次成为国际社工大会的东道主。这次会议的举办将使我国社会工作进一步赢得国际社会的认可与尊重，也是我国扩大社会工作国际影响力和迅速提升社会工作领域国际地位的良机。同时，本次会议将为我国社会服务及社会工作领域提供一个难得的平台，吸引更多的高校、社会服务机构和专业人士参与到社会服务中，对我国社会工作本土化、专业化、体系化发展产生强大的推动作用。

大会的主题被定为“挑战与责任——创新社会工作与可持续发展”。

在主议题的引领下，大会围绕创新社会治理与可持续发展、经济转型中的公共服务与社会风险防范、老龄化进程中的问题与应对、社会工作实务中的文化敏感性、更具本土特色的社会工作人才队伍发展战略、高风险社会中的灾害预防与救助、城镇化进程中的流动问题与社会工作服务、企业社会责任与社会工作服务、社会公益倡导与反贫困等9个分议题展开交流讨论。

3.《广州市社会工作条例》公开征求意见

2015年10月28日，备受关注的《广州市社会工作条例（草案征求意见稿）》（以下简称《条例》）在广州市法制办公开征求意见。据悉，这是国内首部社会工作服务领域的综合性地方法规。这份新法规，将让广州的社会工作和政府购买等相关服务纳入法制化的轨道。

近年来，广州市社会工作开展得如火如荼。广州市于2007年率先实施政府购买社会工作专项服务试点，目前已成为全国社会工作服务机构、服务项目和人才聚集最多的城市，社会工作服务走在了全国的前列。截至2014年年底，全市每年政府购买家庭综合服务中心项目和专项服务项目170个，常年财政预算投入稳定在3.3亿元/年左右，依法登记成立的社工机构已达267家，行业的各类社会工作服务从业人员达1万多人。

广州的社会工作在实际运行当中也存在不少问题。例如，一些企业、非社工专业人士不顾专业和能力要求，为了多拿项目，乘机盲目注册机构，有的专业人士也挂名注册多个机构，相当一部分的社工机构甚至只是空壳。社会工作服务也存在不够规范、专业化程度不足等问题。

《条例》草案共7章52条，主要包括总则、社会工作者、社会工作服务机构、社会工作服务、支持与保障、法律责任、附则7个部分。《条例》的一大亮点是立足于广州市社会工作服务的实践基础，具有一定的创新性。由于国内上位法缺乏，因此在立法时，《条例》力求在遵循宪法和国家法律的前提下，着眼于广州现有社会工作服务发展的突出问题和实践需要，积极借鉴中国香港、台湾等地的经验而进行了创新。例如，《条例》作为地方性法规，首次对社会工作者的业务范围进行了界定和明确，例如社会工作者可以面向个人提供任职辅导、心理减压等，面向家庭提供婚姻生活辅导、亲子关系协调等。这不仅有利于社会各界了解和认识社会工作者及其服务，而且有利于规范机构的服务行为，促进社会工作服务的健康发展。

同时，《条例》作为地方性法规，首次较系统、全面地阐述了对社会工作者和服务对象权益的保护。针对社会工作者，既明确了其享有的合法权利，也明确了政府部门、社工机构、服务对象对其合法业务活动的支持，更明确了社会各界对其合法权益的尊重和保护；针对服务对象的权益保护问题，《条例》从服务主体的责任、专业性、服务行为等方面提出了明确规定和要求。相比其他地方性立法而言，这些规设更为系统和全面，切合了广州的发展实际，既符合社会工作服务的专业性要求，也有利于保护服务对象和社会工作者的权益。

十

明星捐赠注重影响力

明星之名，取之于社会，更当用之于社会。与慈善结缘，正是明星回馈社会最直接、最恰当的方式。2015 年，国内明星已经越来越多地开始聚焦细分领域的慈善公益，并开展专业化慈善运作。这些专业运作的明星慈善品牌的成熟，为公益慈善行业注入了新鲜的活力。由于天生自带“主角光环”，明星们的慈善活动承受着越来越多的舆论审视，这使得热衷公益慈善活动的明星采取更专业、更有效的方式参与到公益慈善活动中来。

“明星 + 慈善”的公益模式长期以来是一个公益项目发展壮大的必经之路，也是明星为自己加分的必选项。明星代言可以给公益项目迅速建立知名度，而代言公益项目可以帮助明星树立正面的个人形象。在初期，两者的结合或多或少源于这种利益上的各取所需。

但如今，这种以利益为纽带的“明星 + 慈善”的合作方式正在悄然发生着变化。

慈善更专业化、范围更广

越来越多的明星选择建立自己的基金会或成立自己的公益项目，身体力行地将自己的明星身份转变为一个依靠特殊个人影响力实践社会责任的公民。这直接体现在越来越多的明星通过运营自己的项目对公益慈善展开深度参与，不再浅尝辄止。

杨澜 10 多年的慈善之路，俨然成为她多年来的一张“形象名片”，也成为众多公益活动的常客。2015 年，杨澜在内地成立具有独立法人资格的基金会——北京阳光未来艺术教育基金会。她道出阳光未来艺术教育基金会的“五年规划”：10个城市，10个艺术教育公益资源战略伙伴，20个NGO伙伴，200个公益艺术教室，1000名艺术师资接受培训，10万名缺乏机会的儿童接受艺术教育。白手起家运营一个公益项目，杨澜的“五年规划”是明星常态化和有计划性地参与公益活动的一个缩影。

另一个有代表性的例子是已经走过6个年头的“爱里的心”项目。作为活动的发起人，范冰冰曾说过：“救一个是一个，这样最实际。要把费用百分百用在孩子身上，做零成本的慈善。”范冰冰用行动实践了她的公益承诺，她以坚持、坚守和坚韧成为明星参与公益事业的楷模。过万公里的征程，筛查逾两万人，18批204个孩子痊愈，给处在偏远西藏地区的先天性心脏病患儿救治的希望。

同样，2015年，赵薇也身体力行，将她的V爱·白血病专项基金发展到相当大的规模，甚至得到了阿里巴巴公益基金会的注资，实现了股权结构和能力发展的正规化。截至2015年6月底，针对3—14岁白血病儿童移植手术专项的救助基金——V爱·白血病专项基金，共计资助人民币125万元。作为该项基金发起人，赵薇坦言：“救治白血病是一个非常艰辛、非常有压力的项目，但V爱基金的所有同事都会不断地努力，尽量多地去帮助白血病儿童，给他们一个快乐的童年，给他们一个美好的未来。”

明星的个人风格往往也影响了他们开展公益活动时会采取不同的方式进行宣传。和高调追求曝光率的传统宣传方式不同，有的明星希望低调行善，用一种“酒香不怕巷子深”的处世哲学来践行自己的公民责任。

截至2015年年底，古天乐以“古天乐慈善基金”的名义先后默默捐赠了80多所学校，而学校所在地都是在内地比较偏远的地区。他也会派专人检查工程进展，要求打造出安全的建筑。此外，他还会秘访乡村做义工，亲力亲为。古天乐表示，他只是本着做善事的心，不想讲钱，也没有目标要捐建多少学校。他还表示自己有小小成就，有能力就帮忙，他会一直做下去。

作为演员的江一燕登得上香港金像奖的大雅之堂。但她还有一层身份，那就是贫困边远山区的支教老师。这一项公益事业，她一做就是7年多。2015年的江一燕，将她7年低调参与却热情不减的公益历程浓缩进一场公益摄影展，其中多幅作品入选《美国国家地理杂志》。影展售出作品的钱款，她悉数捐给了山区的孩子们，单幅作品甚至被拍高达20万元。作为“爱心爬行者”公益支教的一员，江一燕用时间和博爱证明了什么是踏实的公益人。

与专注某一个或几个公益慈善活动的明星不同，有些影响力巨大的明星会将广度作为开展公益活动的重点。2015年，黄晓明、Angelababy夫妇的慈善行动可谓贯穿全年，捐赠物资加善款过千万元。年初，他们探访空巢老人，并领养四个孩子，承担他们一直到大学毕业的生活费用和学费；天津塘沽爆炸事件后，他们第一时间捐款200万元，并火速捐赠1万只口罩、660套三角旗和旗杆、价值近20万元的大型充气泵等物资。即便是在大婚之际，他们还成立了“关爱宝贝”慈善基金，将大部分礼金资助给527位听障儿童。婚礼之后，他们更是继续公益行动，夫妻二人合体现身青岛，捐赠30所博爱小学；并在南京探访民工子弟学校，为孩子们送上运动鞋、图书等物资。

对于年轻的艺人井柏然来说，“慈善只有起点没有终点”。2015年，井柏然不断地从点点滴滴实践一名公益人的承诺。作为公众人物，他是柏然希望小学的校长，是野生救援组织保护犀牛的形象大使。他把拍卖字体所得的钱悉数捐给公益组织。他一直走在弘扬正能量的路上，用知行合一的方式向外界传达公益的理念：从小事做起，人人都能为公益贡献一份力量。

明星慈善更大的意义在于对社会的引导，黄晓明、Angelababy夫妇及井柏然一直倡导将慈善变为一种习惯。在Angelababy的影响下，其粉丝团也开启“小天使公益基金”行动，多次开展了呼吁社会保护小动物、倡导领养代替购买、看望患有疾病的儿童等社会性的公益活动。

“名人做公益是真正的身体力行还是作秀”，现在已经成为舆论场上特别受公众关注的话题。名人深度参与公益项目，不仅有利于提升明星的个人形象，而且对提升项目影响力也更加明显，但是稍有不慎就会引发舆论质疑，甚至掀起粉丝之间的骂战。

比如袁立参与“大爱清尘”项目，就曾经在2014年经历了一阵是是非非。2015年，袁立跟随“大爱清尘”公益基金会奔走在秦巴山区，翻山越岭，甚至亲自下矿井，是少数真正为公益亲力亲为的公众人物。在近距离目睹了尘肺病人的痛苦之后，袁立发出了“会用毕生精力做公益，关注援助尘肺病人”的呐喊。在微博上，她将援助渠道置顶，为援助对象积极奔走，亲身实践着自己的承诺。

但作为在社交媒体上活跃的明星，袁立的公益慈善活动换来的并不总是赞美声。还是有不少人质疑身为明星的袁立是否在利用慈善活动“演戏”。舆论场上想要取悦所有人几乎不可能。身为明星，如何做好自己承诺的公益的分内事，也是一门学问。

考虑到不同明星会产生不同的联动效应，很多公益项目和慈善活动都开始精挑细选自己的“代言人”。比如说腾讯的QQ红围巾计划邀请了TFBOYS，显然非常符合QQ用户年轻化的现状。第一个进行“减衣挑战”的明星吴亦凡，在凌晨零下5℃的北京帅气减衣，跟他本人的气质以及当时正在上映的电影中小飞的形象也非常契合。

作为央视主持人阵容的“经典面孔”之一，倪萍的存在在社会舆论中代表了一种持重和信任。时隔十几年，倪萍于2015年携一档公益寻亲节目《等着我》再次回归央视，令很多人震惊不已。这档栏目以官网为基础，聚合部委、明星、专家、志愿者以及全媒体等寻人力量，搭建全方位的权威“全媒体公益寻人平台”。热心的倪萍在面对每一位登台的寻人者时，都保持着一如既往的亲和力和倾听的耐心。同时，她自己也会在现场捐款，也呼吁更多的人进行募捐。因此，栏目建立了两个更专业的帮扶渠道：政府帮扶和缘梦基金。

明星开启全民慈善模式

要发展公益慈善事业，必须营造全民慈善的大环境，这是一种社会力量，必须发自于社会，才能形成社会影响力。2015 年的 BAZAAR 明星慈善夜系列话题在狂卷 38.8 亿线上阅读量及持续 48 小时霸屏中闪耀落幕。“慈善无憾 为你而战”从模式策划到细节执行，从市场传播到效果提升，步步为营，成就了这场席卷中国的全民慈善盛宴。“2015 BAZAAR 明星慈善夜”虽已落幕，但其创新模式却留给人们对于全民慈善模式的深刻思考。

首先，是最具影响力与号召力的明星阵容。既然是全明星慈善竞技，在阵容上，除了“BAZAAR 明星慈善夜”的老面孔，2015 年更是邀请到国内全部当红“小鲜肉”。31 位明星参与慈善海报拍摄，50 位明星投身慈善现场竞技其中，其影响力轻松覆盖 70 后至 90 后人群。

其次，是最时尚、最娱乐的“明星真人秀”形式。紧扣社会热点，并将之放大再植入慈善的内心，这就是全明星慈善竞技完胜的法宝。以大众喜爱的娱乐形式配合人气最高的明星战队来呈现慈善精神。“2015 BAZAAR 明星慈善夜”以一种新形态诠释慈善不只有温情脉脉，还应包括一种为爱而战的牺牲精神。

最后，是全角度媒体平台有效运用，线下聚集线上号召，全民响应。当 50 位明星为爱振臂一呼，正如全民慈善的引线被点燃，但这并不是全部。在“BAZAAR 明星慈善夜”正式拉开序幕之前，在舆论阵地上早已吹响了集结号。

慈善需要强大的社会性与生命力，作为慈善品牌，更有责任在社会的土壤上种植慈善精神，呵护其生根发芽，让每个人关注、参与并因为身在其中而倍感荣耀。全民慈善要用脑更要用心，“2015 BAZAAR 明星慈善夜”完美演绎了让时尚成为慈善、让时尚影响中国的理念，开启了中国慈善历史上的首个真正意义上的全民慈善模式。

2015 年，明星在公益慈善道路的专业化及范围的扩大，逐渐让公益成为一种习惯。慈善之路风雨兼程，期待有更多元化的方式让明星集体参与到公益事业中，大胆创新，一起推动中国慈善事业的发展壮大。

行业热点事件

杨澜成立基金会致力艺术教育

2015 年 1 月 18 日，由北京阳光未来艺术教育基金会主办的“We Are the Children——我们心中的孩子”大型公益主题活动暨义拍活动在北京今日美术馆举办。基金会理事长杨澜在活动现场介绍了该基金会的战略框架及“五年规划”。

尽管此前已经在香港成立了阳光文化基金会，同时在中国红十字基金会下建立了阳光文化基金，但在内地注册具有独立法人资格的基金会，对杨澜来说北京阳光未来艺术教育基金会是第一家。

杨澜对《公益时报》记者表示，这得益于四类社会组织放开登记的政策实施后，北京市注册基金会已经可以在北京市民政局直接登记，不需要主管单位了。

北京阳光未来艺术教育基金会于 2014 年 11 月 28 日正式注册成立。作为阳光文化基金会的姊妹基金会，杨澜表示，北京阳光未来艺术教育基金会将立足于过去的发展历程和经验，继续将艺术教育作为未来发展的战略重点。

据杨澜介绍，其艺术教育公益项目将重点关注三个领域。第一，在打工子弟学校开展艺术教育实践。目前在北京地区，截至 2014 年，已建成19个阳光艺术教室和9个阳光少年艺术团，为1.6万流动儿童提供了20多门、共20万小时的专业艺术课程。2015年“阳光艺术教室”项目计划将再增加资助7所学校。

第二，和福利院系统合作，通过提供艺术教育为这里的孩子进行艺术治疗。

第三，联合艺术院校等专业机构，开发可复制的艺术教育课程、教材等。

此外，阳光未来艺术教育基金会将着力开发校外教育增能的新项目，与政府合作激活公共空间，联动艺术院校丰厚的教学资源，建立公益艺术教育中心。2015年计划建起第一个校外艺术教育增能项目试点。

除了提出2015年的目标之外，杨澜还在现场介绍了阳光未来艺术教育基金会的“五年规划”——10个城市、10个艺术教育公益资源战略伙伴、20个NGO伙伴、200个公益艺术教室、1000名艺术师资接受培训、10万名缺乏机会的儿童接受艺术教育。

这一规划相对于基金会200万元的原始注册资金来说，显得较为宏大。但杨澜对此并不担忧，与资金相比，她更强调“增能”与“平台”。

一方面，基金会的艺术教育并不是从头开始，而是在打工子弟学校等机构现有的基础上，提供培训、器材、课程等增能服务。

另一方面，杨澜表示更关注基金会汇聚各方资源、搭建艺术教育平台的能力。

附　录

（一）2015（2014 年度）中国慈善家榜

序号	姓名	2014 年捐赠总额（万元）	捐赠方向	受捐项目或机构	单位名称	职务	总部所在地	性别	所在行业
1	马　云	1240000	公益事业		阿里巴巴	董事局主席	浙江	男	互联网
2	陈乐宗、陈启宗兄弟	217000	教育事业		香港晨兴创投		香港	男	投资
3	何享健	42500	公益慈善		美的集团	创始人	广东	男	家电
4	陶欣伯	39774	教育事业		南京伯藜置业管理有限公司	创始人	江苏	男	酒店、地产
5	黄如论	36007	助学、扶贫		世纪金源集团	董事局主席	北京	男	房地产
6	唐立新	34500	教育事业		新尚集团	董事长	四川	男	IT 连锁
7	王健林	32000	教育事业		大连万达集团	董事长	北京	男	房地产
8	许连捷家族	27817	慈善事业		恒安国际集团		福建		日用品
9	陈远东	20000	教育事业		西部发展控股有限公司	董事长	北京	男	投资、综合
10	许荣茂	19700	公益事业		世茂集团	董事局主席	上海	男	房地产

续表

序号	姓名	2014年捐赠总额（万元）	捐赠方向	受捐项目或机构	单位名称	职务	总部所在地	性别	所在行业
11	陈发树	18700	教育事业		新华都集团	董事长	福建	男	百货、超市
12	林腾蛟	18000	教育事业		阳光城（控股）集团	董事局主席	上海	男	房地产
13	束昱辉	17450	公益事业		权健自然医学集团	董事长	天津	男	生物工程
14	卢朝康	16000	教育事业		重庆康德实业集团	董事长	重庆	男	房地产
15	潘石屹夫妇	15298	教育事业		SOHO中国有限公司		北京		房地产
16	党彦宝	15000	教育事业		宝丰集团有限公司	总裁	宁夏	男	能源
17	许家印	13000	赈灾、公益		恒大地产集团	董事局主席	广东	男	房地产
18	赵伟国	10300	教育事业		北京健坤投资集团	董事长	北京	男	投资、综合
19	宗庆后家族	10200	教育事业		娃哈哈集团		浙江		饮料
20	霍通恩	10000	公益事业		上海玛咖人生生物科技有限公司	董事长	上海	男	生物科技
21	李德福	10000	公益慈善		中源协和细胞基因工程股份有限公司	董事长	天津	男	生物科技
22	宋治平	10000	教育事业		吉林康乃尔医药有限公司	董事长	吉林	男	医药
23	王苗通家族	10000	体育事业		浙江华通控股集团		浙江		汽车配件

续表

序号	姓名	2014 年捐赠总额(万元)	捐赠方向	受捐项目或机构	单位名称	职务	总部所在地	性别	所在行业
24	游志胜	10000	教育事业		四川川大智胜软件股份有限公司	董事长	四川	男	互联网
25	杨荣义	10000	慈善事业	惠东县慈善总会	深圳市荣超房地产开发有限公司	董事长	广东	男	房地产
26	苏志团	9500	扶贫济困		太东集团	董事长	广东	男	房地产
27	艾路明	8400	教育事业		武汉当代科技产业集团	董事长	湖北	男	高新技术
28	许淑清	8231.48	慈善事业		广西梧州中恒集团股份有限公司	董事长兼总裁	广西	女	医药
29	古润金	8126	慈善事业		完美(中国)有限公司	董事长	广东	男	直销
30	薛行远	8000	教育事业		祥兴(福建)集团	董事长	福建	男	箱包
31	康玉柱夫妇	7500	教育事业		河北秀兰房地产集团		河北		房地产
32	郭英成	6800	教育事业		佳兆业集团	董事长	广东	男	房地产
33	许书典家族	6667	公益事业						
34	戴建良	6000	扶贫济困		贵阳西南国际商贸城有限公司	董事长	贵州	男	房地产
35	叶如平	5450	儿童福利		浙江万地房产投资集团	董事长	浙江	男	房地产
36	叶庆均	5000	慈善事业		浙江敦和投资有限公司	董事长	浙江	男	资产管理
37	郑　东	5000	教育事业		/				

续表

序号	姓名	2014年捐赠总额(万元)	捐赠方向	受捐项目或机构	单位名称	职务	总部所在地	性别	所在行业
38	蒋仁生	5000	医疗教育		重庆智飞生物制品股份有限公司	董事长	重庆	男	生物制药
39	涂亿万	5000	慈善事业		湖北长城集团	董事长	湖北	男	房地产
40	尤钰涵	5000	教育事业		钰涵(福建)园林有限公司	董事长	福建	男	园林
41	黄文佳	5000	慈善事业	南安市慈善总会	北京首航艾启威节能技术股份有限公司	董事长	北京	男	节能环保
42	李河君	4070	扶贫开发	光彩扶贫	汉能控股有限公司	董事局主席	北京	男	能源
43	阎　志	4000	教育事业		卓尔发展集团	董事长	湖北	男	房地产
44	刘强东	3821.53	医疗、赈灾		京东集团	首席执行官	北京	男	电子商务
45	杨受成	3800	慈善事业		香港英皇集团	主席	香港	男	文化娱乐
46	李爱君	3698.98	公益慈善		桃源居实业(深圳)集团有限公司	董事长	广东	女	房地产
47	李五亮	3500	公益事业		万众地产	董事长	陕西	男	房地产
48	孙荫环	3065	慈善事业		亿达集团有限公司	董事长	辽宁	男	房地产
49	柯希平	3060	教育事业		厦门恒兴集团	董事长	福建	男	矿业
50	张泽保	3050	光彩事业		河南东方今典房地产集团	董事长	河南	男	房地产
51	黄东海	3000	环境建设		永嘉华中房地产开发有限公司	董事长	浙江	男	房地产

续表

序号	姓名	2014年捐赠总额（万元）	捐赠方向	受捐项目或机构	单位名称	职务	总部所在地	性别	所在行业
52	程连英	3000	教育事业		武汉新居城房地产开发有限公司	董事长	湖北	女	房地产
53	袁艳明	3000	教育事业		广安明兴科技发展有限公司	董事长	四川	男	产业园
54	彭磷基夫妇	3000	扶贫事业		祈福集团		广东		房地产
55	庞升东	3000	教育事业		51. com	总裁	上海	男	互联网
56	陈东升	2800	教育事业		泰康人寿保险股份有限公司	董事长	北京	男	保险
57	黄志源	2502	公益慈善		金光纸业（中国）投资有限公司	总裁	上海	男	造纸
58	陈逢干	2500	教育事业		新疆五宫煤业有限公司	董事长	新疆	男	煤炭
59	车建新	2500	社会发展	青年创业就业基金会	红星美凯龙集团	董事长	上海	男	家具
60	谢鹏程	2400	公益事业		深圳市京武投资（集团）有限公司	总裁	深圳	男	房地产
61	南存辉	2210	环保事业		正泰集团	董事长	浙江	男	电气
62	赵汉杰	2208	扶贫济困		广州市长江企业集团	总裁	广东	男	商业地产
63	许明金	2200	艺术事业		深圳市香缤投资集团	董事局主席	深圳	男	房地产
64	邓　伟	2130	教育事业		亿阳集团	董事长	北京	男	高科技投资

续表

序号	姓名	2014年捐赠总额(万元)	捐赠方向	受捐项目或机构	单位名称	职务	总部所在地	性别	所在行业
65	张刚强	2100	助学扶贫	湖南青少年发展基金会	湖南皇爷食品	董事长	湖南	男	食品
66	陈红天	2100	教育事业		祥祺集团	董事长	深圳	男	房地产
67	于立荣	2100	教育事业		北京凌盛集团	董事长	北京	男	建筑
68	姚新义夫妇	2100	教育事业		盾安集团		浙江		装备制造
69	祝义财	2100	教育事业		雨润集团	董事长	江苏	男	食品
70	何巧女	2050	智库建设	中国人民大学	北京东方园林公司	董事长	北京	女	生态园林
71	刘　锋	2040	慈善事业		山东永锋集团	董事长	山东	男	钢铁
72	徐绍村	2000	教育事业	希望工程		退休老人	上海	男	
73	茅理翔	2000	教育事业		方太集团	创始人	浙江	男	厨具
74	淄博彩民	2000	公益慈善						
75	陈能松	2000	教育事业		武汉融港投资有限公司	董事长	湖北	男	投资
76	章如庚	2000	公益慈善		新华印染有限公司	董事长	浙江	男	纺织
77	陈世强	2000	光彩事业		河南弘昌集团	董事长	河南	男	清洁能源
78	雷全友	2000	慈善事业		河南永和置业有限公司	董事长	河南	男	房地产
79	林龙安	2000	公益慈善		禹洲地产股份有限公司	董事长	福建	男	房地产

续表

序号	姓名	2014 年捐赠总额(万元)	捐赠方向	受捐项目或机构	单位名称	职务	总部所在地	性别	所在行业
80	张家福	2000	慈善事业		青岛春明集团	董事长	山东	男	调味品
81	朱昌和	2000	慈善事业		德州长河豪门集团	董事长	山东	男	房地产
82	陈　柯	2000	教育事业		成都尚古轩文化传播有限公司	董事长	四川	男	文化
83	朱孟依	2000	教育事业		合生创展集团	董事局主席	广东	男	房地产
84	王向阳	2000	教育事业		鞍山中奥投资有限公司	董事长	辽宁	男	房地产
85	冯为民	2000	教育事业		北京盛世金泉投资顾问有限公司	法定代表人	北京	男	投资管理
86	廖　昕	2000	教育事业		成都勤智数码科技股份有限公司	董事长	四川	男	计算机
87	史世奇	2000	教育事业		/				
88	郑　志	2000	教育事业		北京国中商联投资管理服务有限公司	董事长	北京	男	投资管理
89	麦照容	2000	教育事业		广东鸿发投资集团	总裁	广东	男	建设、地产
90	钢　子	2000	公益事业					男	
91	顾家龙	1800	教育事业		南宁荣顾房地产开发有限责任公司	董事长	广西	男	房地产

续表

序号	姓名	2014年捐赠总额(万元)	捐赠方向	受捐项目或机构	单位名称	职务	总部所在地	性别	所在行业
92	陈经纬	1800	教育事业		经纬集团	董事局主席	广东	男	化纤
93	陈守仁	1743.71	教育、文化		联泰国际集团	董事长	香港	男	纺织业
94	黄文仔	1677	扶贫济困		星河湾集团	董事长	广东	男	房地产
95	陈运河、刘修婉	1660	教育事业	中山大学			香港		
96	朱镕基	1522	教育事业					男	
97	郭泰诚	1510	教育文化		胜记仓(集团)有限公司	董事局主席	香港	男	投资、物流
98	刘绍喜	1500	扶贫济困		宜华企业集团	董事长	辽宁	男	木业
99	王正华	1500	绿色环保		上海春秋国际旅行社(集团)有限公司	董事长	上海	男	旅游
100	林玉明	1500	教育、公益		北京康邦博大医疗投资管理有限公司	董事长	北京	男	医疗
101	欧宗荣	1474	公益事业		正荣集团	董事局主席	福建	男	房地产
102	梁少贞夫妇	1400	公益慈善		鹏兴国际建筑投资有限公司		香港		养老
103	杜　升	1300	公益事业		深圳市潜龙实业集团	董事长	深圳	男	房地产

续表

序号	姓名	2014 年捐赠总额（万元）	捐赠方向	受捐项目或机构	单位名称	职务	总部所在地	性别	所在行业
104	林伟光	1300	教育事业		万泽实业股份有限公司	董事长	广东	男	房地产
105	陈怀德、胡静	1273.65	慈善事业		美国富佑集团	董事局主席	广东		直销
106	苏志刚	1250	扶贫济困		广州长隆集团	董事长	广东	男	旅游地产
107	李运荣	1200	教育事业	北流市西山小学			广东	男	建筑业
108	太原彩民	1200	救灾慈善						
109	陈华伟	1200	扶贫济困		深圳市华讯伟业房地产开发有限公司	董事长	深圳	男	房地产
110	苏庆灿	1200	教育事业		厦门眼科中心集团	董事长	福建	男	医疗
111	李贤义	1200	社会公益		信义玻璃控股有限公司	董事长	香港	男	玻璃
112	傅胜龙	1112	教育事业		大汉控股集团	董事长	湖南	男	钢材贸易
113	王建沂	1100	教育事业		富通集团	董事长	浙江	男	光纤通信
114	王开湖	1100	教育事业		武汉天龙投资有限公司	董事长	湖北	男	投资管理
115	王　晨	1050	慈善事业	山东大学			荷兰	男	医药投资
116	张荣发	1000	赈灾、公益	云南鲁甸	台湾长荣集团	总裁	台湾	男	航运、综合
117	厉育平	1000	公益事业	五水共治	大自然集团	董事局主席	上海	男	房地产

续表

序号	姓名	2014年捐赠总额(万元)	捐赠方向	受捐项目或机构	单位名称	职务	总部所在地	性别	所在行业
118	李新华	1000	公益事业		蓝天集团	董事长	浙江	男	化工、能源
119	闫　涛	1000	公益事业		绿商集团	董事长	北京	男	教育、文化
120	吴以岭	1000	教育事业		以岭药业	董事长	北京	男	医药
121	蔡金垵	1000	光彩扶贫		盼盼食品集团	董事长	福建	男	食品
122	潘亚文	900	慈善事业		中奥联合投资发展有限公司	董事长	北京	男	房地产
123	许世辉	800	公益事业		福建达利集团	董事长	福建	男	食品
124	邢新强	800	教育事业		城新房地产开发有限公司	总经理	山东	男	房地产
125	蒋锡培	713	教育事业		远东控股集团有限公司	董事局主席	江苏	男	制造业
126	刘沧龙	664.46	教育、体育		四川宏达集团	董事局主席、党委书记	四川	男	综合
127	林树哲	659	养老事业		南益集团(福建)有限公司	董事总经理	香港	男	制造业
128	盛发强	600	教育事业		北京探路者户外用品股份有限公司	董事长	北京	男	户外用品
129	陈瑞球	600	教育事业		长江制衣厂有限公司	执行主席	香港	男	服装
130	魏基成	600	赈灾、公益		澳大利亚 ABC 纸业公司	总裁	澳大利亚	男	造纸

续表

序号	姓名	2014 年捐赠总额（万元）	捐赠方向	受捐项目或机构	单位名称	职务	总部所在地	性别	所在行业
131	王济武夫妇	500	教育事业		启迪控股股份有限公司	总裁	北京		房地产
132	林玉明	500	公益事业		博生医疗投资股份有限公司	董事长	北京	男	医疗
133	李文新	500	公益事业		天通泰投资集团	董事长	北京	男	投资
134	林志忠	500	公益事业		莆田（中国）健康产业总会	会长	北京	男	医疗
135	昆山彩民	500	教育事业						
136	丁和木	500	赈灾、公益		安踏集团	荣誉董事长	福建	男	体育用品
137	成　龙	468	扶贫、公益	宁夏红慈善基金会		演员		男	
138	李文顺	400	慈善事业		吉林宏泰集团	董事长	吉林	男	房地产
139	陈世强	400	扶贫开发	光彩扶贫	河南弘昌集团	董事长	河南	男	能源
140	吕剑、厉萍夫妇	380	扶贫、文化		东阳市长庚置业有限公司	董事长	浙江		房地产
141	孙明楠	350	慈善事业	大连慈善总会	大连鹏生集团有限公司	董事局主席	辽宁	男	房地产
142	久美彭措	320	公益慈善		青海久美藏药药业有限公司	董事长	青海	女	医药
143	史贵禄	250	扶贫开发	光彩扶贫	陕西荣民集团	董事长	陕西	男	房地产
144	何俊明	250	扶贫开发	光彩扶贫	科创控股集团	董事局主席	四川	男	医药

续表

序号	姓名	2014年捐赠总额(万元)	捐赠方向	受捐项目或机构	单位名称	职务	总部所在地	性别	所在行业
145	张建宏	250	扶贫开发	光彩扶贫	东岳集团有限公司	董事长	山东	男	制冷
145	周海江	250	扶贫开发	光彩扶贫	江苏红豆集团	总裁	江苏	男	综合
147	徐冠巨	250	扶贫开发	光彩扶贫	传化集团有限公司	董事长	浙江	男	日化
148	刘智君	250	公益事业	中国扶贫基金会	上游互动信息科技有限公司	创始人	上海	男	互联网游戏
149	申永亮	238.82	教育事业		北京科建集团	董事长	北京	男	建筑
150	方润华	210.17	教育事业		香港协成行集团	主席	香港	男	房地产
151	姚星彤	200.31	妇女发展	妇基会		演员		女	
152	魏宏恩	200	教育事业	高淳淳辉中学	台湾新兴高级中学	校长	台湾	男	教育
153	刘永好	200	扶贫开发	光彩扶贫	新希望集团	董事长	四川	男	农业
154	王均金	200	扶贫开发	光彩扶贫	上海均瑶集团	董事长	上海	男	航空、综合
155	伍跃时	200	扶贫开发	光彩扶贫	湖南隆平九华科技博览园	董事长	湖南	男	农业
156	李学春	200	扶贫开发	光彩扶贫	重庆民生教育集团	董事长	重庆	男	教育
157	张杰庭	200	扶贫开发	光彩扶贫	北京锡华实业投资集团	董事长	北京	男	教育、地产

续表

序号	姓名	2014 年捐赠总额(万元)	捐赠方向	受捐项目或机构	单位名称	职务	总部所在地	性别	所在行业
158	陈志列	200	扶贫开发	光彩扶贫	深圳研祥智能科技股份有限公司	董事长	广东	男	计算机
159	孙珩超	200	扶贫开发	光彩扶贫	宁夏宝塔石化集团	董事长	宁夏	男	石化
160	妙乐法师	200	公益事业		妙乐寺	方丈	湖北	男	
161	王京京	200	学术研究				北京	女	
162	涂汉江	200	扶贫开发				湖北	男	慈善
163	施锦珊、李然	200	教育事业		鑫桥租赁		北京		租赁
164	王继元	200	慈善事业	大连慈善总会	大连第一互感器有限责任公司	董事长	辽宁	男	电气设备
165	郑松兴	200	慈善事业	深圳慈善总会	华南城控股有限公司	联席主席兼执行董事	广东	男	商贸物流
166	李金元	194.62	赈灾、公益	鲁甸地震、母婴医疗	天津天狮生物工程有限公司	董事长	天津	男	生物科技
167	周泊霖	190	慈善事业	大连慈善总会	钰翔生朗集团有限公司	董事长	辽宁	男	建筑业
168	许景南	159.50	教育事业		福建匹克集团有限公司	董事长	福建	男	体育用品
169	安　彤	150	社会公益	中国社工协会		演员		女	
170	刘志强	150	扶贫开发	光彩扶贫	香江集团	董事局主席		男	房地产
171	王煨冬	150	慈善事业	大连慈善总会	东达集团有限公司	董事长	辽宁	男	环保

续表

序号	姓名	2014 年捐赠总额(万元)	捐赠方向	受捐项目或机构	单位名称	职务	总部所在地	性别	所在行业
172	王振滔	118	赈灾、公益		奥康鞋业销售有限公司	董事长	福建	男	鞋业
173	李　林	110	慈善事业		世纪爱晚(北京)置业有限公司香河投资公司	董事长	北京	男	房地产
174	黄　月	100	艺术发展	中国社工协会		艺术家		男	
175	王建彬	100	环保事业	青田治水		西班牙华侨		男	
176	孙厚河	100	社会公益	枣庄桑村				男	
177	王文康	100	教育事业	何镜堂教育基金	广东达裕实业有限公司	董事长	广东	男	印刷
178	郭力麟	100	教育事业	哈工大	三亚亚龙湾新天地建设发展有限公司	董事长	海南	男	房地产
179	周训财	100	教育事业		福建财茂集团	董事长	福建	男	纺织业
180	肖建海	100	教育事业		深圳市轩鸿金融控股集团	总经理	深圳	男	金融
181	王安康	100	扶贫开发	光彩扶贫	云南南磷集团	董事长	云南	男	矿业
182	赵建国	100	扶贫开发	光彩扶贫	北京集美家居集团	董事长	北京	男	家居连锁
183	王　蓓	100	扶贫开发	光彩扶贫	北京爱家投资控股集团	董事长	北京	女	家居连锁
184	潘仲光	100	扶贫开发	光彩扶贫	东方高尔夫国际集团	董事长	美国	男	高尔夫
185	丁佐宏	100	扶贫开发	光彩扶贫	月星集团有限公司	董事长	上海	男	家居连锁
186	陈　丽	100	扶贫开发	光彩扶贫	新丽装饰工程有限公司	董事长	上海	女	装饰

续表

序号	姓名	2014 年捐赠总额（万元）	捐赠方向	受捐项目或机构	单位名称	职务	总部所在地	性别	所在行业
187	邱淦清	100	扶贫开发	光彩扶贫	北京中和珍贝科技有限公司	董事长	北京	男	服装
188	钟香崇	100	教育事业		郑州大学	教授	郑州	男	
189	吴金贞	100	慈善事业		上海晋江商会	监事长	福建	男	
190	古堂生	100	见义勇为		玉柴集团	总裁	广西	男	发动机
191	李次会	100	慈善事业		北京大清生物技术有限公司	法人	北京	男	生物医疗
192	刘羽桐	100	养老事业	新疆阿娜里克老年福利基金会	远达投资集团	董事长	甘肃	女	石化、地产
193	李建明	100	环境建设	林州市慈善总会	山西诚泰集团	董事长	山西	男	房地产
194	田　斌	100	公益事业		大连三川建设集团股份有限公司	董事长	辽宁	男	建筑业
195	沙德科	100	慈善事业	大连慈善总会	大连科洋水产有限公司	董事长	辽宁	男	水产
196	刘德群	100	慈善事业	大连慈善总会	大连壹桥海洋苗业股份有限公司	董事长	辽宁	男	水产
197	广州彩民	100	慈善关爱						
198	太原彩民	100	医疗卫生						

（二）2015（2014年度）中国慈善企业榜

排名	公司名称/个人	2014年捐赠总额（万元）	捐赠方向	行业	企业性质	总部所在地
1	华润集团	46700	扶贫事业	综合	国企	香港
2	腾讯公司	33134	公益慈善	计算机服务	民企	广东
3	长春力旺集团	31000	教育事业	房地产	民企	吉林
4	碧桂园集团	26393.60	教育事业	房地产	民企	广东
5	扬子江船厂有限公司	25000	公益慈善	造船	民企	江苏
6	紫金矿业集团	18600	公益事业	矿业	国企	福建
7	中南控股集团有限公司	14600	公益慈善	房地产	民企	江苏
8	中国泛海控股集团	14051	公益慈善	综合投资	民企	北京
9	中国华信能源有限公司	11626.48	公益慈善	能源	民企	上海
10	NU SKIN 如新	10700	公益事业	日用保健品	外企	上海
11	三星（中国）投资有限公司	10200	公益事业	电子	外企	北京
12	中国贵州茅台酒厂（集团）有限责任公司	10000	文化教育	白酒	国企	贵州
13	沈阳广信集团	10000	教育事业	房地产	民企	辽宁
14	中国海洋石油总公司	10000	环境建设	石油	国企	北京
15	复星集团	10000	公益事业	投资、综合	民企	上海
16	真维斯国际（香港）有限公司	8922	教育事业	服装	民企	广东
17	海航集团有限公司	7794.60	公益慈善	航空	民企	海南
18	南京中脉科技发展有限公司	6902	慈善事业	保健	民企	江苏
19	大众汽车集团（中国）	6396.44	教育事业	汽车	外企	上海
20	捷豹路虎中国	5800	教育事业	汽车	外企	上海

续表

排名	公司名称/个人	2014年捐赠总额（万元）	捐赠方向	行业	企业性质	总部所在地
21	雀巢（中国）有限公司	5532.41	公益事业	饮料	外企	北京
22	山东世纪天鹅文教科技股份有限公司	5000	公益事业	文化	民企	山东
23	奥克斯集团	5000	教育事业	厨具	民企	浙江
24	锦艺集团	5000	教育事业	纺织	港企	河南
25	长江实业集团	5000	公益、社工	综合	港企	香港
26	丹东港集团	5000	环保事业	交通运输	合资	辽宁
27	汇丰银行	4600	公益事业	金融	外企	香港
28	新奥集团股份有限公司	4051.47	公益事业	能源	民企	河北
29	查氏集团	4000	教育事业	纺织、房地产	港企	香港
30	安利（中国）日用品有限公司	3602	公益慈善	直销	外企	广东
31	武汉鑫旺投资管理有限公司	3300	公益事业	投资管理	民企	湖北
32	加多宝（中国）饮料有限公司	3118	教育事业	饮料	港企	北京
33	恒通建设集团	3000	文化事业	房地产	民企	江苏
34	大商集团	3000	慈善事业	零售	民企	辽宁
35	益海嘉里	2810	慈善事业	食品	外企	北京
36	浙江三联环保机械设备有限公司	2800	环保事业	环保	民企	浙江
37	唐河华洋股份有限公司	2500	医疗事业	商贸	民企	河南
38	重庆尊享实业（集团）有限公司	2296	老年人事业	养老、综合	民企	重庆
39	东风汽车公司	2200	公益事业	汽车	国企	湖北
40	太阳雨集团有限公司	2112.33	慈善事业	新能源	民企	江苏
41	广州时代地产	2017	公益事业	房地产	民企	广东
42	海南省农村信用社联合社	2000	教育事业	金融	国企	海南
43	东航集团	2000	赈灾事业	航空	国企	上海

续表

排名	公司名称/个人	2014年捐赠总额（万元）	捐赠方向	行业	企业性质	总部所在地
44	山西兴凯安邦集团	2000	扶贫事业	能源	民企	山西
45	常州豪泰置业有限公司	2000	助学事业	房地产	民企	江苏
46	里卡多有限公司	2000	教育事业	工程机械	外企	英国
47	山东天地缘集团公司	2000	慈善事业	食品饮料	民企	山东
48	深圳鹏瑞地产	2000	教育事业	房地产	民企	广东
49	成都尚古轩文化传播有限公司	2000	教育事业	文化传播	民企	四川
50	中国烟草总公司	1960	教育事业	烟草	国企	北京
51	广西金旺角集团	1880	教育事业	房地产	民企	广西
52	百度在线网络技术（北京）有限公司	1880	公益事业	互联网	民企	北京
53	郑州银行	1850	公益慈善	金融	国企	河南
54	百事公司	1835	教育事业	食品饮料	外企	上海
55	苏宁云商	1810	青少年发展	家电销售	民企	江苏
56	南宁荣顾房地产开发有限责任公司	1800	教育事业	房地产	民企	广西
57	百胜餐饮集团中国事业部	1728	公益事业	快消、食品	外企	上海
58	TCL 集团股份有限公司	1706. 80	教育事业	电子	民企	广东
59	步长制药	1681. 79	公益事业	医药	民企	陕西
60	陕西亿杰控股集团	1600	慈善事业	能源、矿产	民企	陕西
61	中国平安	1587. 18	教育事业	金融	民企	广东
62	春秋集团	1500	生态环保	航空	民企	上海
63	三峡集团	1500	赈灾事业	水电	国企	北京
64	联泰国际集团	1500	教育事业	服装制造	港企	香港
65	中国民生银行	1500	扶贫开发	金融	民企	广东
66	大连银行	1500	慈善事业	金融	国企	辽宁
67	福信集团	1450	教育事业	金融、地产	民企	福建
68	广汽集团	1400	鲁甸赈灾	汽车	国企	广东

续表

排名	公司名称/个人	2014年捐赠总额（万元）	捐赠方向	行业	企业性质	总部所在地
69	沃尔玛（中国）	1400	公益事业	商超	外企	广东
70	山东登海先锋种业有限公司	1340	惠农项目	种子	民企	山东
71	华南城国际工业原料城（深圳）有限公司	1206.30	慈善事业	商贸、物流	民企	广东
72	江苏天吴集团	1200	教育事业	制造	民企	江苏
73	通鼎集团有限公司	1200	公益事业	通信器材	民企	江苏
74	凤凰网	1192	儿童公益	互联网	民企	北京
75	波司登股份有限公司	1168.68	妇女发展	服装	民企	上海
76	日照钢铁控股集团有限公司	1087.23	社会公益	钢铁	民企	山东
77	星巴克中国	1084	教育事业	饮料	外企	上海
78	亿滋中国	1010.14	教育事业	食品	外企	上海
79	森马集团	1000	环保事业	服装	民企	浙江
80	山东广电网络有限公司	1000	慈善救助	广电	国企	山东
81	温州银行	1000	环保治水	金融	民企	浙江
82	祥鹏航空	1000	鲁甸赈灾	航空	民企	云南
83	上海泉商投资有限公司	1000	公益事业	投资管理	民企	上海
84	浙江益龙实业集团	1000	奖学基金	综合、投资	民企	浙江
85	中粮地产集团有限公司	1000	公益事业	房地产	国企	北京
86	长治市腾达房地产开发有限公司	1000	公益事业	房地产	民企	山西
87	山西鼎腾房地产开发有限公司	1000	公益事业	房地产	民企	山西
88	焦作市金德利房地产开发有限公司	1000	公益事业	房地产	民企	河南
89	厦门银鹭食品集团有限责任公司	1000	爱心基金	食品	民企	福建
90	广西喷施宝股份有限公司	1000	环境建设	肥料	民企	广西

续表

排名	公司名称/个人	2014 年捐赠总额（万元）	捐赠方向	行业	企业性质	总部所在地
91	郑州祝福房地产开发有限公司	1000	基金会	房地产	民企	河南
92	上海盐商集团有限公司	1000	助学事业	综合	民企	上海
93	雅戈尔集团	1000	公益事业	服装、综合	民企	浙江
94	华峰集团	1000	公益事业	材料	民企	浙江
95	富士康科技集团	1000	教育事业	电子	台企	台湾
96	四川成中投资集团	1000	公益事业	建筑	民企	四川
97	新加坡长远投资有限公司	1000	教育事业	投资管理	外企	新加坡
98	天津塑力线缆集团有限公司	1000	教育事业	电缆	民企	天津
99	爱尔眼科医院集团	1000	基金会	医疗	民企	湖南
100	潮州市恒大置业有限公司	1000	鲁甸赈灾	房地产	民企	广东
101	上海绿地龙翔置业有限公司	1000	公益慈善	房地产	民企	上海
102	海南天泓基金实业有限公司	1000	公益慈善	建筑系统	民企	上海
103	贝因美婴童食品股份有限公司	1000	妇女发展	食品	民企	浙江
104	多美滋婴幼儿食品有限公司	986. 34	妇女发展	食品	外企	上海
105	广州番禺锦江房地产有限公司	950	社会公益	房地产	民企	广东
106	艺康（中国）投资有限公司	928	发展事业	清洁	外企	上海
107	博世（中国）投资有限公司	926	教育事业	机械、电气	外企	上海
108	北京爱特普医学技术有限公司	875. 60	妇女发展	医疗	民企	北京
109	三生（中国）健康产业有限公司	845	教育、公益	健康产业	民企	浙江
110	江苏美联集团有限公司	800	教育事业	电气	民企	江苏
111	獐子岛集团股份有限公司	740. 15	慈善事业	渔业	民企	辽宁

续表

排名	公司名称/个人	2014年捐赠总额（万元）	捐赠方向	行业	企业性质	总部所在地
112	梅赛德斯·奔驰（中国）	718	教育事业	汽车	外企	北京
113	广州东送集团有限公司	700	教育事业	能源	民企	广东
114	中国建设银行	700	医疗卫生	金融	国企	北京
115	李宁（上海）体育用品有限公司	700	妇女发展	体育用品	民企	上海
116	大连香洲集团	666.24	慈善事业	房地产	民企	辽宁
117	北京天行健公司	648	医疗事业	医疗	民企	北京
118	国美集团	631.35	鲁甸赈灾	家电销售	民企	北京
119	欧莱雅	618.91	扶贫教育	化妆品	外企	法国
120	美赞臣营养品（中国）有限公司	607.60	妇女发展	食品	外企	广东
121	西门子听力集团（中国）	596	公益事业	医疗	外企	德国
122	中国人保	566.30	妇女发展	保险	国企	北京
123	金辉地产	550	教育事业	房地产	外企	北京
124	金科股份	550	扶贫事业	房地产	民企	重庆
125	中国工商银行	538.48	母婴、教育	金融	国企	北京
126	洲际酒店集团	519.53	教育事业	酒店	外企	英国
127	宝健公司	502.43	教育事业	日用品	港企	香港
128	安莉芳（中国）服装有限公司	500.02	妇女发展	服装	民企	上海
129	中国石化	500	赈灾事业	石化	国企	北京
130	深圳中创	500	公益帮扶	电子	民企	广东
131	伊利集团	500	鲁甸赈灾	乳业	国企	内蒙古
132	无限极公司	500	鲁甸赈灾	健康	港企	香港
133	云南农村信用社	500	鲁甸赈灾	金融	国企	云南
134	王守义十三香集团	500	鲁甸赈灾	调料	民企	河南
135	太平洋保险	500	鲁甸赈灾	保险	民企	上海
136	亿嘉控股	500	鲁甸赈灾	地产、综合	民企	河南

续表

排名	公司名称/个人	2014年捐赠总额（万元）	捐赠方向	行业	企业性质	总部所在地
137	大润发	500	鲁甸赈灾	商超	台企	台湾
138	正威国际集团	500	公益事业	有色金属	民企	广东
139	浙江红狮集团	500	公益事业	水泥	民企	浙江
140	源泰皮革有限公司	500	公益事业	皮革	民企	福建
141	天正康泰	500	扶贫事业	生物科技	民企	北京
142	融科智地房地产股份有限公司	500	妇女发展	房地产	民企	北京
143	北京利吾家电子商务有限公司	500	妇女发展	电子商务	民企	北京
144	北大方正集团有限公司	500	妇女发展	计算机	国企	北京
145	海南永金置业股份有限公司	475	慈善事业	房地产	民企	海南
146	深圳市前海金融控股公司	470	慈善事业	金融	国企	广东
147	五粮液	400	鲁甸赈灾	白酒	国企	四川
148	丰田汽车（中国）投资有限公司	400	鲁甸赈灾	汽车	外企	北京
149	浙江康恩贝制药股份有限公司	400	公益事业	医药	民企	浙江
150	安徽合力股份有限公司	400	教育事业	叉车	国企	安徽
151	新华人寿保险股份有限公司	400	妇女发展	保险	国企	北京
152	山东兰华集团股份有限公司	400	妇女发展	综合	民企	山东
153	花旗银行（中国有限公司）	396.61	扶贫、倡导	金融	外企	北京
154	九阳股份有限公司	392.01	教育事业	小家电	民企	浙江
155	福建省乔丹体育用品有限公司	391	教育事业	体育用品	民企	福建
156	苏酒集团贸易股份有限公司	380	教育事业	白酒	民企	江苏
157	宝洁公司	363.24	教育事业	日用品	外企	美国

续表

排名	公司名称/个人	2014 年捐赠总额（万元）	捐赠方向	行业	企业性质	总部所在地
158	奇虎 360 科技有限公司	360	鲁甸赈灾	互联网	民企	北京
159	中国农业银行	360	妇女发展	金融	国企	北京
160	国家开发银行	350	教育事业	金融	国企	北京
161	马自达	349.72	鲁甸赈灾	汽车	外企	日本
162	雅培中国	341.8	母婴公益	乳业	外企	上海
163	河南坤午置业有限公司	325	公益慈善	房地产	民企	河南
164	佳能集团	320	鲁甸赈灾	相机等	外企	日本
165	微软（中国）	312.83	教育事业	计算机	外企	北京
166	河南雅宝地产有限公司	310	公益慈善	房地产	民企	河南
167	亚宝药业集团股份有限公司	310	妇女发展	医药	民企	山西
168	宁波大发化纤有限公司	308	公益慈善	化纤	民企	浙江
169	山东安然纳米实业发展有限公司	305	敬老事业	保健	民企	山东
170	福建柒牌商贸有限公司	301.62	鲁甸赈灾	服装	民企	福建
171	越秀地产	300	鲁甸赈灾	房地产	民企	广东
172	立马控股集团股份有限公司	300	公益事业	水泥纺织	民企	浙江
173	浙江中一建设有限公司	300	公益事业	建筑业	民企	浙江
174	神龙汽车有限公司	300	教育事业	汽车	合资	湖北
175	台湾精格集团	300	教育事业	音像设备	台企	台湾
176	信华集团	300	环境建设	房地产	民企	江西
177	北京华清微拓展节能技术股份公司	300	基金会	节能	民企	北京
178	盛世神农集团	300	赈灾扶贫	农产品交易	合资	湖南
179	中国铁路工程总公司	300	扶贫、教育	铁路	国企	北京
180	北京现代	300	教育事业	汽车	合资	北京
181	前海人寿保险股份有限公司	300	慈善事业	保险	民企	广东

续表

排名	公司名称/个人	2014年捐赠总额（万元）	捐赠方向	行业	企业性质	总部所在地
182	可口可乐公司	294.16	教育事业	饮料	外企	美国
183	紫竹药业有限公司	292.74	妇女发展	医药	国企	北京
184	默沙东（上海）医药咨询有限公司	273.60	妇女发展	医药	外企	上海
185	NBA体育文化发展（北京）有限责任公司	264.50	教育事业	体育	外企	美国
186	百威英博啤酒投资（中国）有限公司	263.98	教育事业	啤酒	外企	上海
187	上海新丽装饰工程有限公司	260	公益慈善	装饰	民企	上海
188	日产（中国）投资有限公司	255	公益事业	汽车	外企	北京
189	红豆集团	250	扶贫事业	服装、综合	民企	江苏
190	广博控股集团有限公司	250	公益事业	文具	民企	浙江
191	麦克奥迪（厦门）医疗诊断系统有限公司	250	妇女发展	医疗	合资	福建
192	华懋慈善基金会有限公司	250	妇女发展	房地产	港企	香港
193	新生活集团（中国）有限公司	248.09	妇女发展	保健品	民企	辽宁
194	ABB（中国）有限公司	241.34	教育、赈灾	电气设备	外企	瑞士
195	碧生源控股有限公司	232.57	教育事业	医药保健	民企	北京
196	天明集团	230.20	公益慈善	广告、地产	民企	河南
197	四川劲浪体育用品有限公司	226	抗震救灾	体育用品	民企	四川
198	壳牌中国集团	225.37	教育、赈灾	石油	外企	北京
199	西部伟业投资集团有限公司	224.74	公益事业	房地产	民企	甘肃
200	中国光大银行信用卡中心	223.37	妇女发展	金融	国企	北京
201	上海开思文化艺术有限公司	220	公益慈善	文化	民企	上海
202	大杨集团有限责任公司	203	慈善事业	服装	民企	辽宁

续表

排名	公司名称/个人	2014 年捐赠总额（万元）	捐赠方向	行业	企业性质	总部所在地
203	旺旺集团	200	鲁甸赈灾	食品	台企	上海
204	广药集团王老吉	200	鲁甸赈灾	饮料	国企	广东
205	游族网络	200	鲁甸赈灾	互联网游戏	民企	上海
206	豪德（集团）有限公司	200	扶贫开发	物流	民企	江西
207	万科集团	200	扶贫开发	房地产	民企	广东
208	郑州艾格眼科医院	200	公益事业	医疗	民企	河南
209	新时代证券有限责任公司	200	公益基金	证券	民企	北京
210	宁波国骅集团有限公司	200	公益事业	房地产	民企	浙江
211	北京隆庆祥服饰有限公司	200	公益事业	服装	民企	北京
212	海南旺龙投资有限公司	200	教育事业	房地产	民企	海南
213	湖南张家界天门山旅游股份有限公司	200	助学、扶贫	旅游	民企	湖南
214	爱茉莉太平洋贸易有限公司	200	鲁甸赈灾	化妆品	外企	韩国
215	江铃汽车销售有限公司	200	扶贫事业	汽车	国企	安徽
216	娇美肤国际集团	200	社会公益	化妆品	港企	香港
217	福特汽车	200	环保事业	汽车	外企	美国
218	华夏西部经济开发有限公司	200	儿童、社区	私募股权投资	民企	北京
219	通用汽车（中国）投资有限公司	200	鲁甸赈灾	汽车	外企	上海
220	中外运－敦豪国际航空快件有限公司	200	赈灾事业	快递	合资	北京
221	深圳市大疆创新科技有限公司	200	教育事业	无人机	民企	广东
222	支付宝（中国）网络技术有限公司	200	教育事业	第三方支付	民企	浙江
223	东莞市东世宏实业发展有限公司	200	教育事业	体育	民企	广东
224	河南郑州宇通客车股份有限公司	200	公益慈善	汽车	合资	河南

续表

排名	公司名称/个人	2014 年捐赠总额（万元）	捐赠方向	行业	企业性质	总部所在地
225	郑州丹尼斯百货有限公司	200	公益慈善	百货	民企	河南
226	河南盛润置业集团有限公司	200	公益慈善	房地产	民企	河南
227	郑州市儿童医院	200	公益慈善	医疗	国企	河南
228	大连港集团有限公司	200	慈善事业	交通运输	国企	辽宁
229	青蛙王子（中国）日化有限公司	200	妇女发展	日化	民企	福建
230	智慧兄弟文化传播（北京）有限公司	200	妇女发展	文化传播	民企	北京
231	金地（集团）股份有限公司	200	慈善事业	房地产	民企	广东
232	深圳华强集团	200	慈善事业	高科技	民企	广东
233	艺房紫（北京）文化传播有限公司	191.91	妇女发展	文化传播	民企	北京
234	上海姜根酒店管理有限公司（万豪）	191.89	教育事业	酒店	民企	上海
235	上海钰翔投资控股集团有限公司	190	助学事业	建材、商贸	民企	上海
236	阿美远东（北京）商业服务有限公司	186	教育事业	商贸	外企	北京
237	AIG 美国国际集团	182.45	赈灾、扶贫	保险	外企	美国
238	箭牌中国	181.48	公益未来	食品	外企	广东
239	上海家化联合股份有限公司	180.40	妇女发展	家化	国企	上海
240	金佰利（中国）有限公司	180.36	妇女发展	清洁	外企	上海
241	玫琳凯（中国）化妆品有限公司	180	妇女发展	化妆品	外企	上海
242	联想控股	180	妇女发展	计算机	民企	北京
243	联合利华食品（中国）有限公司	177	教育事业	食品	外企	上海
244	中信银行股份有限公司	170	教育事业	金融	国企	北京

续表

排名	公司名称/个人	2014 年捐赠总额（万元）	捐赠方向	行业	企业性质	总部所在地
245	招商局集团	162.51	鲁甸赈灾	综合	国企	香港
246	许昌市顺禾商贸有限公司	160	环境建设	商贸	民企	河南
247	珍奥集团股份有限公司	160	慈善事业	生物科技	民企	辽宁
248	广州立白企业集团有限公司	160	妇女发展	日化	民企	广东
249	新百伦贸易（中国）有限公司	159.84	教育事业	运动用品	外企	上海
250	山西证券股份有限公司	156	教育事业	证券	民企	山西
251	立邦涂料（中国）有限公司	153.33	教育事业	涂料	外企	上海
252	葆婴有限公司	152.03	鲁甸赈灾	营养保健	民企	北京
253	戴尔（中国）有限公司	151.77	教育事业	计算机	外企	美国
254	深圳市信利康供应链管理有限公司	151.40	慈善事业	供应链服务	民企	广东
255	炎帝生物	150	教育事业	直销	民企	湖南
256	斯巴鲁汽车（中国）有限公司	150	鲁甸赈灾	汽车	外企	北京
257	苏州银行	150	公益事业	金融	民企	江苏
258	新疆生产建设兵团广播电视台	150	公益事业	广播电视	国企	新疆
259	亚马逊（中国）投资有限公司	150	教育、赈灾	投资管理	外企	北京
260	上海永达控股（集团）有限公司	150	公益慈善	综合	民企	上海
261	太湖金张科技有限公司	150	公益事业	高科技	民企	安徽
262	河南康利达置业有限公司	150	公益慈善	房地产	民企	河南
263	瓦房店市新城区开发建设有限公司	150	慈善事业	房地产	国企	辽宁
264	国芳百货白银世贸中心	146.10	扶贫事业	商贸	民企	甘肃
265	默克雪兰诺有限公司	145.74	公益事业	医药	外企	瑞士

续表

排名	公司名称/个人	2014 年捐赠总额（万元）	捐赠方向	行业	企业性质	总部所在地
266	希捷	139.97	教育事业	计算机	外企	美国
267	广州市缔造亿百儿童用品有限公司	138.74	留守儿童	童装	民企	广东
268	青岛瑞源工程集团有限公司	137	扶危济困	综合	民企	山东
269	国美电器有限公司	131.35	赈灾、教育	电器销售	民企	北京
270	西安真爱投资集团	130	教育事业	娱乐服务	民企	陕西
271	罗莱家纺股份有限公司	130	鲁甸赈灾	纺织	民企	上海
272	拜耳医药保健有限公司	130	妇女发展	医药	外企	北京
273	青海春天药用资源科技利用有限公司	125	公益推广	医药	民企	青海
274	北京碧水源净水科技有限公司	123.70	教育事业	水务	民企	北京
275	THE MONSANTO FUND 孟山都基金	123.60	扶贫事业	农药、种子	外企	美国
276	山东丹红制药有限公司	121.80	公益事业	医药	民企	山东
277	中国电信	120	教育事业	通信	国企	北京
278	小松（中国）投资有限公司	120	教育事业	挖掘机	外企	上海
279	康佳集团股份有限公司	120	教育事业	家电	合资	广东
280	北京集佳知识产权代理有限公司	120	教育事业	服务	民企	北京
281	青岛鑫江置业集团有限公司	120	赈灾、慈善	房地产	民企	山东
282	南京银行	120	助学事业	金融服务	民企	江苏
283	奥美世纪（北京）广告有限公司	116.63	公益倡导	广告	民企	北京
284	友邦保险有限公司	115.40	教育事业	保险	外企	美国
285	卡特彼勒公益基金会	114.40	赈灾事业	工程机械	外企	美国
286	青岛土木建工集团有限公司	110.50	扶危济困	房屋建筑	民企	山东

续表

排名	公司名称/个人	2014 年捐赠总额（万元）	捐赠方向	行业	企业性质	总部所在地
287	上海荣庆堂实业发展有限公司	110	公益慈善	房地产	民企	上海
288	克丽缇娜（上海）贸易有限公司	110	教育事业	化妆品	台企	上海
289	苏州源昌集团贸易有限公司	110	公益事业	化工	民企	江苏
290	中建材信息技术有限公司	110	医疗救助	建材贸易	国企	北京
291	大连宜华建设集团有限公司	110	慈善事业	建筑业	民企	辽宁
292	苏州集团贸易有限公司	110	妇女发展	贸易	民企	江苏
293	好丽友食品有限公司	109.92	赈灾事业	食品	外企	上海
294	天津尚赫保健用品有限公司	108.10	教育事业	保健品	民企	天津
295	江苏亚东建设发展集团有限公司	108	公益事业	房地产	民企	江苏
296	北京恒昌利通投资管理有限公司	105.60	医疗卫生	投资管理	民企	北京
297	大连半岛集团有限公司	105	慈善事业	房地产	民企	辽宁
298	上海金心置业有限公司	103	公益慈善	房地产	民企	上海
299	上海香溢房地产有限公司	103	公益慈善	房地产	民企	上海
300	大连德泰控股有限公司	102	慈善事业	城建	国企	辽宁
301	隆力奇生物科技股份有限公司	100.63	妇女发展	日化	民企	江苏
302	广信科教集团有限公司	100.04	妇女发展	教育文化	民企	湖北
303	鸿富锦精密电子有限公司	100	公益事业	精密电子	民企	四川
304	河南通冠重工股份有限公司	100	公益事业	工程机械	民企	河南
305	郑州祝福房地产开发有限公司	100	公益事业	房地产	民企	河南
306	比亚迪股份有限公司	100	慈善事业	汽车	民企	广东
307	贝亲婴儿用品（上海）有限公司	100	公益事业	婴儿用品	民企	上海

续表

排名	公司名称/个人	2014 年捐赠总额（万元）	捐赠方向	行业	企业性质	总部所在地
308	东芝（中国）有限公司	100	公益事业	电子	外企	上海
309	广州市广融投资管理集团有限公司	100	公益事业	金融投资	民企	广东
310	深圳茅台红钻集团	100	公益慈善	酒业	民企	广东
311	济南中顾信息技术有限公司	100	教育事业等	法律服务	民企	山东
312	宁波如意股份有限公司	100	慈善基金	汽车	民企	浙江
313	立国集团有限公司	100	教育事业	房地产	民企	北京
314	河南久通电缆有限公司	100	公益事业	电缆	民企	河南
315	中装建设集团	100	教育事业	服装	民企	广东
316	广东赛翡蓝宝石科技有限公司	100	足球事业	珠宝	民企	广东
317	科大讯飞股份有限公司	100	教育事业	计算机	民企	安徽
318	云南农垦集团有限公司	100	环境建设	农业	国企	云南
319	旭辉集团	100	文化事业	房地产	民企	香港
320	深圳市鹏雁动感体育用品有限公司	100	教育事业	体育用品	民企	广东
321	开一通纺织有限公司	100	教育事业	服装	民企	浙江
322	上海复大医院	100	公益事业	医疗	国企	上海
323	上海锦绣华城房地产开发有限公司	100	公益事业	房地产	民企	上海
324	百洋医药集团有限公司	100	公益事业	医疗	民企	上海
325	上海市龙峰企业集团有限公司	100	公益事业	房地产	民企	上海
326	北京红太阳药业有限公司	100	公益事业	医药	民企	北京
327	盛力世家（上海）体育文化发展有限公司	100	公益事业	体育用品	民企	上海
328	黄金佳投资集团有限公司	100	公益事业	黄金	民企	河北
329	青岛德仁中西医结合医院	100	医疗慈善	医疗	国企	山东
330	青岛康大集团有限公司	100	教育事业	综合	民企	山东

续表

排名	公司名称/个人	2014 年捐赠总额（万元）	捐赠方向	行业	企业性质	总部所在地
331	青岛源诚投资有限公司	100	安老助学	投资管理	民企	山东
332	江苏瑞华投资控股集团有限公司	100	赈灾事业	投资管理	民企	江苏
333	广东盈然木业有限公司	100	环境建设	木业	民企	广东
334	上海松江大学城建设发展有限公司	100	公益事业	房地产	民企	上海
335	河南蒲源防腐科技股份有限公司	100	公益事业	材料	民企	河南
336	肃宁县诚誉果蔬种植专业合作社	100	公益事业	农业	民企	河北
337	扬州龙川钢管有限公司	100	公益事业	钢材	民企	江苏
338	福建省昌和环保科技有限公司	100	公益事业	环保	民企	福建
339	东陶（中国）有限公司	100	公益事业	建材	民企	北京
340	黑龙江万事达塑业集团	100	公益事业	塑业	民企	黑龙江
341	大连第一互感器有限责任公司	100	慈善事业	电气	民企	辽宁
342	大连有德渔业集团有限公司	100	慈善事业	渔业	民企	辽宁
343	大连辽大房地产开发有限公司	100	慈善事业	房地产	民企	辽宁
344	东北亚煤炭交易有限公司	100	慈善事业	煤炭	民企	辽宁
345	北京华博医院	100	妇女发展	医疗	民企	北京
346	北京成吉大易投资管理有限公司	100	妇女发展	投资管理	民企	北京
347	北京未来康医院管理有限公司	100	妇女发展	医疗	民企	北京
348	北京思诺恩文化传播有限公司	100	妇女发展	文化传播	民企	北京
349	帝亚吉欧洋酒贸易（上海）有限公司	100	妇女发展	洋酒	外企	上海
350	中国银联股份有限公司	100	妇女发展	金融	国企	北京

续表

排名	公司名称/个人	2014 年捐赠总额（万元）	捐赠方向	行业	企业性质	总部所在地
351	中国建筑工程总公司	100	妇女发展	建筑	国企	北京
352	吉林省集安益盛药业股份有限公司	100	妇女发展	医药	民企	吉林
353	北京祥子文化传媒有限公司	100	妇女发展	文化传媒	民企	北京
354	北京小桔科技有限公司	100	妇女发展	互联网	民企	北京
355	广州天创时尚鞋业股份有限公司	100	妇女发展	鞋业	民企	广东
356	武汉田子民族文化村游乐有限公司	100	妇女发展	娱乐服务	民企	湖北
357	深圳市冠地控股有限公司	100	慈善事业	房地产	民企	广东
358	深圳东海集团有限公司	100	慈善事业	房地产	民企	广东
359	深圳市宝安区松岗新宝发商行	100	慈善事业	商贸	民企	广东
360	深圳市卓能致成供应链管理有限公司	100	慈善事业	供应链管理	国企	广东

(三)2015(2014 年度)中国公益基金会榜

2015 公募基金会 TOP10 +1

排名	基金会名称	业务主管单位	基金会类型	2014 年捐赠收入额（万元）	2014 年捐赠支出额（万元）	2013 年/2012 年捐赠收入额（万元）
1	中国扶贫基金会	国务院扶贫开发领导小组办公室	公募	61321. 8	41000. 1	2013 年 52462. 1442 2012 年 27305. 3273
2	中国妇女发展基金会	中华全国妇女联合会	公募	46779	53109. 16	2013 年 42252. 1304 2012 年 33864. 3161
3	中国青少年发展基金会	共青团中央委员会	公募	42212. 45	38638. 18	2013 年 33999. 4213 2012 年 29801. 5483
4	中国残疾人福利基金会	中国残疾人联合会	公募	35400	40500	2013 年 33999. 4213 2012 年 31771. 9093
5	中国儿童少年基金会	民政部	公募	30235	36822	2013 年 32953 2012 年 37049
6	中国人口福利基金会	国家卫生和计划生育委员会	公募	16868	15969	2013 年 25201 2012 年 27712

续表

排名	基金会名称	业务主管单位	基金会类型	2014 年捐赠收入额（万元）	2014 年捐赠支出额（万元）	2013 年/2012 年捐赠收入额（万元）
7	深圳壹基金公益基金会	深圳市民政局	公募	16818.13	22447.23	2013 年 51884.3411
8	中国华侨公益基金会	中华全国归国华侨联合会	公募	9802.86	9875.13	2013 年 6105.16
						2012 年 4245.10
9	中华环境保护基金会	环境保护部	公募	9767.11	8800.1	2013 年 5840.3791
						2012 年 3754.5520
10	中华少年儿童慈善救助基金会	民政部	公募	9465.35	12045.8	2013 年 7886.489
						2012 年 8261.0174
11	中华社会救助基金会	民政部	公募	5872	4220	2013 年 4121
						2012 年 2703

2015 非公募基金会 TOP10

排名	基金会名称	业务主管单位	基金会类型	2014 年捐赠收入额（万元）	2014 年捐赠支出额（万元）	2013 年/2012 年捐赠收入额（万元）
1	老牛基金会	内蒙古自治区人民政府金融办公室	非公募	7947.77	18625.88	 2012 年 2866.24
2	宁夏燕宝慈善基金会	宁夏回族自治区民政厅	非公募	15000	15380.07	2013 年 10100 2012 年 10100
3	河仁慈善基金会	国务院侨务办公室	非公募	14500	11828.94	2013 年 14500 2012 年 11600
4	腾讯公益慈善基金会	民政部	非公募		9850	2013 年 12869.8996 2012 年 12787.2947
5	敦和慈善基金会	浙江省民政厅	非公募	14360.829	9732.1148	2013 年 2088.5778
6	泛海公益基金会	中共中央统战部	非公募	7967.14	8731.14	2013 年 3055 2012 年 5000
7	安利公益基金会	民政部	非公募	3602	7402	2013 年 4576 2012 年 5520
8	阿里巴巴公益基金会	民政部	非公募	5113	3871	2013 年 1406 2012 年 6169

续表

排名	基金会名称	业务主管单位	基金会类型	2014年捐赠收入额（万元）	2014年捐赠支出额（万元）	2013年/2012年捐赠收入额（万元）
9	桃源居公益事业发展基金会	民政部	非公募	3698.98	3685.11	2013年950
10	广东省卓如医疗慈善救助基金会	广东省民政厅	非公募	4409.75	3659.71	2013年3688.50 2012年1430.16

（四）2015（2014 年度）中国明星慈善榜

序号	明星	担任公益大使	2014 年参与公益活动
1	曹颖	中国妇女发展基金会白衣天使基金公益爱心大使	为“母亲健康快车”公益项目 10 周年拍摄公益微电影《妈妈车呀》；主持公益励志节目《让爱做主》
2	柴静		自费拍摄公益调查片《穹顶之下》，引发社会巨大关注
3	陈慧琳	雅安大熊猫旅游公益爱心大使	以“爱心大使”的身份亮相“香港血癌基金”举办的“Shaun the Sheep 暖 Love Love 圣诞”慈善筹款开幕礼
4	陈坤	联合国儿童基金会（UNICEF）中国大使、“语路”问公益行动活动大使	第四年发起“行走的力量”公益项目，与几十名志愿者和青年创业者一起，通过 6 天累计行走 150 公里
5	成龙	中国禁毒宣传慈善大使、海航公益大使、“母亲水窖”公益大使	4 月，举办 60 大寿慈善演唱会，所筹善款用于中国电影基金会及北京成龙慈善基金会；公益代言四川雅安蒙顶山宣传片；9 月，参加时尚芭莎慈善晚宴
6	崔永元	“上海广播电视台公益媒体群”公益大使、崔永元公益基金创始人	将 2 亿元代言费捐给自己的基金会；创办崔永元公益基金，支持乡村教师培训；主持农民工春晚
7	大陶虹	“梦想画板”形象大使	助阵公益活动，关注自闭症儿童

续表

序号	明星	担任公益大使	2014 年参与公益活动
8	邓超、孙俪夫妇	邓超："阳光女孩"形象大使； 孙俪：中华健康快车基金会"光明大使"、亚洲动物基金"拯救黑熊"爱心大使	邓超：携手联合国环境署，出席在同济大学举办的世界环境日活动，传递低碳出行之声；成为内地第一批参加"ALS冰桶挑战赛"公益活动的明星；完成由《奔跑吧兄弟》联合中国青少年基金会共同合作的公益项目"让爱益起跑——公益跑鞋计划"，为贫困地区孩子送跑鞋 孙俪：携手湛蓝工作室，在自己的公益淘宝小店推出义卖活动，现身善待动物组织亚洲分部皮草公益宣传拍摄现场，积极进行反皮草公益宣传
9	范冰冰	《梦想星搭档》公益大使、中国扶贫基金会慈善大使	第五年发起"爱里的心"西藏阿里地区先天性心脏病儿童救治项目；出席 2014 时尚芭莎明星慈善夜
10	范玮琪	流动图书馆爱心大使	耗时三年半做"Love Life"公益活动；怀孕期间到医院看望患癌症的小孩子
11	高圆圆	中国红十字书库公益形象大使、大学生志愿者形象大使	参与拍摄抢险救灾公益微电影；支持韩红发起的"我要去青海"公益行动；为义务救助小动物的医院捐款；4 月，高圆圆与孙冕奔赴广东梅州蕉岭、松源、兴宁等地看望 11 位老兵
12	海清	中澳公益大使、"每日 5 事"公益大使、妇女儿童大使	出席"玩具再分享"公益活动，作为第一个志愿者捐赠玩具；参与让爱先回家公益活动，为空巢老人拜年，帮家政人员大扫除；拒食鱼翅，倡导公众养成日常的环保习惯；为女性维权发声，参与韩红发起的百人援青行动，携手杨幂和王宝强共同为先天性心脏病儿童筹款
13	韩庚	2014 厦门马拉松形象大使	带领"love life"公益组织小分队成员一同前往石家庄赞皇做公益，低调看望山区孩子；担任厦门马拉松形象大使，倡导健康运动

续表

序号	明星	担任公益大使	2014 年参与公益活动
14	韩红	“寻找最美消防员”公益活动形象大使、中国西藏儿童健康教育基金大使、“启明行动”形象大使、希望工程爱心大使	发起百人援青活动，拍摄公益 MV 并发动众明星支持
15	韩磊	《变形计》公益大使	参加乌鲁木齐大型公益演唱会；出席大型禁毒公益特别节目——《禁毒之战 2014》；参与 TVB 节目《万众同心公益金》
16	黄磊	好爸爸教室爱心大使	参与拍摄公益微电影《十分之一的幸福》
17	黄晓明	芭莎·文化慈善荣誉大使、黄晓明爱心基金创始人、“母亲邮包”公益行动公益大使	拍摄公益微电影《宽恕》；参与“母亲邮包”公益行动，将邮包送到贫困母亲手中
18	贾玲	“喜乐接驾 温暖回家”主题公益活动形象大使	参与《喜乐街》节目发起的“喜乐接”活动，化身专车司机送网友回家
19	蒋雯丽	交通安全公益大使、“母亲水窖”公益大使、全国精神卫生宣传大使	携手“免费午餐”公益团队献爱心；为《大自然在说话》系列公益影片配音
20	李冰冰	“L. O. V. E”公益品牌项目创始人、国际环保组织野生救援公益大使	出席联合国气候峰会并发表英文致辞；召集成立“21 世纪气候变化观察团”，旨在通过发现气候变化的真相，来号召人类改变生活的习惯
21	李晨	青少年公益电影节大使、“梦想 100 分”公益大使	生日庆生去四川两所小学捐赠物资；在新浪微博上发起“李晨益起来，温暖马路天使”微公益活动，为环卫工人捐赠羽绒服及羽绒手套

续表

序号	明星	担任公益大使	2014年参与公益活动
22	李健	“京华慈善教育1+1行动”形象大使、《音乐周刊》公益形象大使	赴非洲推广环保公益
23	李静	“关爱女性健康”宣传大使	发起扶持少数民族手工艺的苗绣公益项目
24	李连杰	国际红十字与红新月会联合会亲善大使	在4月3日“国际自闭症日”发起“今天不说话 倾听自闭儿童的世界”行动
25	李亚鹏	嫣然天使基金创始人、“中国红十字基金会小天使基金”形象大使	管理嫣然基金，看望唇裂儿童
26	李宇春	“地球一小时”中国区活动推广大使、玉米爱心基金创始人	出席时尚芭莎慈善晚宴；参加One Night公益演唱会
27	林志玲	“六分钟护一生”公益大使、“美丽同行”公益活动大使	9月，拍摄2015慈善公益年历；出席一场女性癌症防治公益记者会并拍摄公益MV，呼吁关注母亲及女性身体健康
28	刘德华	“刘德华慈善基金会”创始人、中国乙肝防治形象大使	参与冰桶挑战，呼吁关注渐冻症；拍摄春运公益广告，覆盖全国机场火车站一个月；出席慈善活动“红白袜”，引领公益风潮
29	陆毅	GIVE ME FIVE儿童慈善基金形象大使、“世界艾滋病日”公益大使	参与拍摄《爱的代驾之有多少爱可以重来》公益微电影，呼吁理性饮酒；与妻子、女儿出席时尚芭莎慈善晚宴；以奶爸身份助阵儿童公益活动
30	那英	中国扶贫基金会扶贫中国行大型公益活动宣传大使	录制公益歌曲《留住蓝色地球》。参加好声音公益演唱会；无酬劳参加女生团结音乐节元年慈善演唱会

续表

序号	明星	担任公益大使	2014 年参与公益活动
31	濮存昕	中国预防艾滋病形象大使、中国禁毒宣传形象大使、无偿献血宣传大使、“寻找最美乡村教师”形象大使、“让孩子笑起来”公益活动发起人	出席公益影片《大自然在说话》发布会，参与配音并分享环保心得；积极履行全国政协委员职责，为节水环保奔走呼号
32	瞿颖	新浪湖南顺风车公益大使、“红羽毛”美丽公益大使	获得第一季《星厨驾到》总冠军，并将 100 万元慈善公益基金全数捐赠上海宋庆龄基金会常青藤基金；担任新浪湖南顺风车公益大使，呼吁大家相互信任
33	宋佳	360 春运抢票公益大使、粉红丝带大使、非遗保护大使	坚持公益低碳环保；作为首位“非物质文化遗产”保护大使踏上“非遗”之旅
34	孙楠	助残形象大使	出席“中国好声优——点亮盲胞暗夜星空”大型公益选拔活动
35	田亮	自我保健基金健康形象大使、“健康童行·营养护航”公益活动形象大使、明星公民“一点一滴的好”公益大使	出席“舒肤佳 2014 全球洗手日盛典”，呼吁儿童健康教育；参与明星公民公益活动“一点一滴的好”
36	王铮亮	“中网小画家”爱心大使	接受 WWF（世界自然基金会）的邀请成为地球一小时“蓝天自造”明星志愿者；任“梦想星导师”，助阵儿童艺术公益；牵手亚洲动物基金，助阵月熊公益项目
37	文章	大福自闭症基金会创始人	出席壹基金蓝色行动“敢爱笨小孩”之夜公益晚会；积极响应壹基金在网络上发起#人人都是笨小孩#公益话题接力活动

续表

序号	明星	担任公益大使	2014年参与公益活动
38	小陶虹、徐峥夫妇	小陶虹：抗癌公益宣传大使、绿丝带公益活动大使、海洋日形象大使	徐铮：出席壹基金公益活动
39	杨澜	绿色中国公益大使、阳光文化基金创始人、中国青基会希望工程形象大使	主持第二届全国高校公益论坛，发起2014“正青春”活动；出席2014中国慈善公益论坛并致辞
40	杨幂	女性关爱大使、蓝丝带形象大使、新浪厦门爱心图书馆公益大使	大型线上公益活动“百万奇迹”，发出环保倡议；出席“世界心脏日”活动，呼吁关心先天性心脏病儿童
41	姚晨	联合国难民署中国亲善大使	探访非洲难民营并在微博上记录过程，利用个人影响力推动公益
42	姚明	上海慈善大使、动物保护大使、南京青奥会大使、姚基金创始人	首批参与冰桶挑战，将其传入中国；出席2014上海交大公益论坛；启动2014姚基金东莞篮球慈善赛
43	伊能静	“静新图书基金”明星发起人	来到贫困地区孩子的课堂中，为孩子送上课外读物和文具用品，并担当朗读者
44	羽泉组合	“地球一小时”活动中国区推广大使、“理性饮酒”宣传大使	推广公益歌曲《一点一滴》，倡导大众保持好习惯；助阵慕思畅享健康睡眠活动
45	张国立、邓婕夫妇	“国立爱心基金”创始人	张国立：出席2014 FACE鞋类协会慈善活动；云南地震后两人第一时间深入灾区并捐款；参加“我看未来20年”大型公益演讲

续表

序号	明星	担任公益大使	2014 年参与公益活动
46	张杰、谢娜夫妇	谢娜、张杰：康王“爱心大使”；谢娜：“倍安生活”全国青少年儿童绘画大赛的爱心大使	谢娜、张杰：出席时尚芭莎慈善晚宴；助阵韩红公益活动 谢娜：与“快乐家族”联合国际环保组织野生救援发起#我与鱼翅说再见#公益活动；为公益电影《有一天》配音
47	张靓颖	中国绿化基金会公益形象大使	助阵世界卫生组织控烟活动；积极参与壹基金“蓝色”行动与“ALS 冰桶挑战”
48	赵薇	“V 爱基金”创始人、第五届明星公民	7 月，赵薇和 Elle 联手开展“童年公益计划”；11 月，联合国基金会邀请赵薇成为全球清洁炉灶联盟形象大使；成立“V 爱基金”，参加主题为“薇爱之力，为爱扎堆”的大型公益活动；参与拍摄电影《亲爱的》并呼唤社会各界关注被拐儿童
49	赵雅芝	“粉红丝带”大使、“甘肃水源”慈善摄影筹款展爱心大使	参与“浪漫爱心”公益行动，为学校捐赠物资；出席瓷画艺术节，热心支持慈善义卖
50	周迅	“2014 芭莎艺术校园行”公益形象大使	出演公益电影《有一天》，并把自己的婚礼作为“彩蛋”放在关爱特殊儿童公益演唱会的末尾；出席某品牌公益活动“爱尚计划·ON THE WAY”